U0033816

蔣經國大事日記
（1981）

Daily Records of Chiang Ching-kuo, 1981

民國日記｜總序

呂芳上
民國歷史文化學社社長

人是歷史的主體，人性是歷史的內涵。「人事有代謝，往來成古今」（孟浩然），瞭解活生生的「人」，才較能掌握歷史的真相；愈是貼近「人性」的思考，才愈能體會歷史的本質。近代歷史的特色之一是資料閎富而駁雜，由當事人主導、製作而形成的資料，以自傳、回憶錄、口述訪問、函札及日記最為重要，其中日記的完成最即時，描述較能顯現內在的幽微，最受史家重視。

日記本是個人記述每天所見聞、所感思、所作為有選擇的紀錄，雖不必能反映史事整體或各個部分的所有細節，但可以掌握史實發展的一定脈絡。尤其個人日記一方面透露個人單獨親歷之事，補足歷史原貌的闕漏；一方面個人隨時勢變化呈現出不同的心路歷程，對同一史事發為不同的看法和感受，往往會豐富了歷史內容。

中國從宋代以後，開始有更多的讀書人有寫日記的習慣，到近代更是蔚然成風，於是利用日記史料作歷史研究成了近代史學的一大特色。本來不同的史料，各有不同的性質，日記記述形式不一，有的像流水帳，有的生動引人。日記的共同主要特質是自我（self）與私密（privacy），史家是史事的「局外人」，不只注意史實的追尋，更有興趣瞭解歷史如何被體驗和講述，這時對「局內人」所思、所行的掌握和體會，日記便成了十分關鍵的材料。傾聽歷史的聲音，重要的是能聽到「原音」，而非「變音」，日記應屬原音，故價值高。1970年代，在後現代理論影響下，檢驗史料的潛在偏見，成為時尚。論者以為即使親筆日記、函札，亦不必全屬真實。實者，日記記錄可能有偏差，一來自時代政治與社會的制約和氛圍，有清一代文網太密，使讀書人有口難言，或心中自我約束太過。顏李學派李塨死前日記每月後書寫「小心翼翼，俱以終始」八字，心所謂為危，這樣的日記記錄，難暢所欲言，可以想見。二來自人性的弱點，除了「記主」可能自我「美化拔高」之外，主觀、偏私、急功好利、現實等，有意無心的記述或失實、或迴避，例如「胡適日記」於關鍵時刻，不無避實就虛，語焉不詳之處；「閻錫山日記」滿口禮義道德，使用價值略幾近於零，難免令人失望。三來自旁人過度用心的整理、剪裁、甚至「消音」，如「陳誠日記」、「胡宗南日記」，均不免有斧鑿痕跡，不論立意多麼良善，都會是史學研究上難以彌補的損失。史料之於歷史研究，一如「盡信書不如無書」的話語，對證、勘比是個基本功。或謂使用材料多方查證，有如老吏斷獄、法官斷案，取證求其多，追根究柢求其細，庶幾還原案貌，以證據下法理註腳，盡力讓歷史真相水落石出。是故不同史料對同一史事，記述會有異同，同者互證，異者互勘，於是能逼近史實。而勘比、互證之中，以日記比證日記，或以他人日記，證人物所思所行，亦不失為一良法。

從日記的內容、特質看，研究日記的學者鄒振環，曾將日記概分為記事備忘、工作、學術考據、宗教人生、游歷探險、使行、志感抒情、文藝、戰難、科學、家庭婦女、學生、囚亡、外人在華日記等十四種。事實上，多半的日記是複合型的，柳貽徵說：「國史有日歷，私家有日記，一也。日歷詳一國之事，舉其大而略其細；日記則洪纖必包，無定格，而一身、一家、一地、一國之真史具焉，讀之視日歷有味，且有補於史學。」近代人物如胡適、吳宓、顧頡剛的大部頭日記，大約可被歸為「學人日記」，余英時翻讀《顧頡剛日記》後說，藉日記以窺測顧的內心世界，發現其事業心竟在求知慾上，1930 年代後，顧更接近的是流轉於學、政、商三界的「社會活動家」，在謹厚恂恂君子後邊，還擁有激盪以至浪漫的情感世界。於是活生生多面向的人，因此呈現出來，日記的作用可見。

晚清民國，相對於昔時，是日記留存、出版較多的時期，這可能與識字率提升、媒體、出版事業發達相關。過去日記的面世，撰著人多半是時代舞台上的要角，他們的言行、舉動，動見觀瞻，當然不容小覷。但，相對的芸芸眾生，識字或不識字的「小人物」們，在正史中往往是無名英雄，甚至於是「失蹤者」，他們如何參與近代國家的構建，如何共同締造新社會，不應該被埋沒、被忽略。近代中國中西交會、內外戰事頻仍，傳統走向現代，社會矛盾叢生，如何豐富歷史內涵，需要傾聽社會各階層的「原聲」來補足，更寬闊的歷史視野，需要眾人的紀錄來拓展。開放檔案，公布公家、私人資料，這是近代史學界的迫切期待，也是「民國歷史文化學社」大力倡議出版日記叢書的緣由。

蔣經國大事日記　導言

呂芳上
民國歷史文化學社社長
中央研究院近代史研究所兼任研究員

一、

許多人多注意到年輕一代的新新人類，多半要掌握的是立即、當下，要捕捉的是能看得見、聽得到、抓得住的事事物物，視芸芸之人眾生平等，不把「大咖」人物看在眼裡，昨天的事早早忘卻，明天和過去的歷史，更屬虛無又飄渺。即使對一般人，說美國總統川普（Donald Trump），很多人或還記得，談歐巴馬（Barack Obama），即已印象模糊。老蔣、老毛何許人也？知其名未必悉其實，小蔣（經國）、老鄧（小平）印象就沒那麼深刻。在臺灣，坊間對蔣經國評價不一，民間有人把「蔣經國」以臺語諧音說成「酒精國」，雖屬戲謔之語，反見親切。這時代，有人這麼說：一轉身，光明黑暗都成故事；一回眸，歲月已成風景。不過，尋根是人類本性，我們走過「從前」，要說從歷史中尋求如何面對當今問題的智慧，可能太抽象，但問那個時代、那個人物，留下什麼樣足跡？有過何等影響？還是會引發人們找尋歷史源頭的興味的。

近代中國歷史堪稱曲折，世界走入中國，用的是兵艦、巨砲，中國走向世界，充滿詭譎與恫嚇。於是時代的歷史靠著領導者帶著一群菁英，以無比信心、堅韌生命力與靈妙的模仿力和創造力，共同形塑，造成了「今日」。

在歷史往復徘徊中，往往出現能打開出路的引領人。這些有頭、有臉的人物，他們數十年一夢的人生事跡，對天地悠悠之久，雖也一幌即過，但確實活在歷史。最怕的是當代、後世好事者，可能為這些人塗脂抹粉、加料泡製、打磨夯實、描摹包裝、強力推銷，變成「聖賢」或「惡魔」，弄得歷史人物不成「人」形。

生前飽受公議的政治人物，過世之後也得接受歷史的公評，這是無庸置疑。但論孫文只說他為目的不擇手段、評蔣介石說是獨裁無膽、硬把毛澤東功過三七開，都犯了簡化歷史的毛病；論歷史的事情，既不是痛快的一句話可以了結，月旦歷史人物，更不該盲目恭維或肆意漫罵可以了事。歷史人物的品評，需要多樣資料佐證，於是上窮碧落下黃泉所得的「東西」，不能不說當下、即時的紀錄材料，最不能疏忽。這套《蔣經國大事日記》，作為民國、臺灣歷史人物蔣經國及其時代研究的基礎，當之無愧。

二、

蔣經國生於 1910 年，1988 年過世。美國史家史萊辛格（Arthur Schlesinger Jr.）說，二十世紀是一個混亂的世紀，充滿了憤怒、血腥、殘酷；也充滿了勇敢、希望與夢想。蔣經國的一生起伏跌宕夾雜著這些特色。他幼年讀書不算多，1925 年十六歲正當人格成型之際，被送到冰天雪地的俄國。那段時間，正是史達林掌權清算鬥爭激烈時期，對他來說想必印象深刻，影響一生。西安事變後抗日開戰前（1937 年 3 月），帶著俄國妻子返國，先在家鄉溪口讀書，其後在江西保安處、贛南專區當行政督察專員，過著中層公務員的生活，並依父命師從徐道鄰、汪日章等人，接受經典洗禮，對傳統文化進行「補課」，也零星通曉西方民主、法治觀念，思想因此有進境，難免蕪雜。抗戰時期往來大後方，除了在贛南有一批從龍之士外，在重慶擔任三青團幹校教育長，有了幹校人脈，加上後來在臺組建青年反共救國團，這幾批人無形中成了他後來的政治班底。

蔣經國真正的政治事業是 1950 年代在臺灣開始的，1950 到 1960 年代蔣介石忙於黨的改造、政治革新，積極準備「反攻復國」，至於情治系統、國安、國軍政工事務多交經國負責，這一時期，國外媒體甚至形容他為「神秘人物」。到 1970 年代聯合國席位不保，中日、中美先後斷交，國家處境逆轉，大約此時統理國家的權力也集中到經國身上，威權政治開始有軟化跡象。不過直到1980 年代中期之後，已深切感受時代在變，環境在變，潮流也不能不變。1986 年 9 月，集大權於一身的經國總統容忍「民主進步黨」成立，等於開放黨禁；10 月中旬決定「解嚴」，次年 7 月 15 日正式實施；接著解除報禁、開放港澳觀光，10 月 15 日准許老兵返大陸探親，民主化邁步向前，對長期威權統治下的臺灣而言，不啻一場寧靜革命。當年擔任總統副手的李登輝，後來在《訪談錄》中，很平實的說了這麼一段話：「大家講李登輝執政十二年民主改革等等，老實講，如果這三年八個月中沒有他（蔣經國）在政策上的變化，我後來的十二年是做不了什麼事的。」

同一時期，蔣經國大量起用臺灣省籍菁英，尤其 1972 年出任行政院長後，培養省籍人士不遺餘力，1984 年在謝東閔副總統之後，提名年輕得多的李登輝繼之，以當時蔣經國的身體條件和年齡，視為是接班人選，十分明顯。在行政院長及總統任職期間，蔣經國不斷走入民間、結交民間友人，1987 年又說出「我也是臺灣人」的話語，姑不論是否為政治語言，政權本土化的意味很濃，行動上則多少帶點「蘇俄經驗」味道。

1970 年代，國際逆流橫生之外，國內政治異議聲浪頻起，反對勢力運動勃發，規模不斷擴大，手段益趨激烈，當時臺灣幾乎有人心惶惶之感。這期間，1973 年及 1979 年碰到兩次石油危機、國際金融風暴。幸賴十大建設、六年經建計畫等的財經擘劃，安然渡過危局，「臺灣奇蹟」的締造，蔣經國與有功焉。長時間陪侍兩蔣身邊的御醫熊丸說，小蔣極為儉樸，樂與民眾接近，但城府深、表裡不一，恩威難測，並非好相處的朋友；已過世、有點不合時宜，與經國交過手的財經專家王作榮，佩服蔣與巨商大賈保持距離，但也直說，蔣經國是俄國史達林文化與中國包青天文化的混合產物。顯示這位國家領導人多面向的行事與風格，仍大可有進一步研究的空間。

三、

1972 年 6 月，62 歲的蔣經國出任行政院長，實質掌理國政。其後 1978 年膺選為中華民國第六任總統，1984 年連任為第七任總統，不幸任期未滿的 1988 年 1 月 13 日辭世，那年他 78 歲。他一生最後的十六年，可說盡瘁國政，奉獻全部心力於臺灣這塊土地。這位關鍵人物在關鍵時期的政府治理成績斐然，此段時間正是臺灣政治、社會的重要轉型期。這十六年的政府政績即使不稱為「經國之治」，說它是臺灣的「蔣經國時代」，絕不為過。

這套《蔣經國大事日記》，涵蓋「蔣經國時代」的十六年，起於 1972 年 5 月 20 日出任行政院長，迄於 1988 年 1 月 30 月奉安大溪止，每日行程幾乎均有如實紀錄。嚴格說這是蔣經國行政院長和兩任總統的行政大事記，原係庋藏於國史館蔣經國忠勤檔案中的一種。原作毛筆、鋼筆文件應出諸經國總統秘書之手，察其所錄，很有總統日常行政實錄意涵。每日記載內容主要為蔣經國擔任院長、總統期間之行止、接見賓客、上山下海巡訪各地，重要會議要點（包括行政院院會、國民黨中常會、中央全會、總統府財經會談、軍事會談）、重要文告、年節談話內容等，大自內政上十項建設的推動，持續三十八年之久的戒嚴宣告解除，反共反獨的宣示，對中共三不（不接觸、不談判、不妥協）政策誓言；國際關係上中日、中美斷交，克來恩（Ray S. Cline）與韓、越「情報外交」，李光耀頻頻秘密來臺的臺新（新加坡）交誼，小至中學生給蔣經國「院長精神不死」的謝卡小故事，有嚴肅的一面，也見人性幽默的一環。《蔣經國大事日記》如能與蔣經國個人日記搭配，「公」「私」資料，參照互比，將更能清楚見其行事軌跡與作為。故而日記固可補《蔣經國大事日記》之不足（蔣經國日記起於 1937 年 5 月，記至 1979 年 12 月 30 日因視力惡化中止），《蔣經國大事日記》亦正足彌補日記之空闕。故此一資料，當屬研究「蔣經國時代」不可或缺的寶貴史料。

四、

這套書記錄 1972 至 1988 年中華民國的國家領導人行政大事，雖簡要，但不失為「蔣學」研究的重要工具書。

本來歷史學的研究與編纂，就有「年代學」（Chronology），是以確定歷史事件發生時間的科學，從古代中國《春秋》、《竹書紀年》，到近人郭廷以的《近代史國史事日誌》、《中華民國史事日誌》等，都屬之。這套書一如晉杜預的〈春秋左氏傳序〉所言：「記事者，以事繫日，以日繫月，以月繫時，以時繫年，所以紀遠近，別同異也。故史之所記，必表年以首事。」本書所記，甚至細至以時繫分，明確事件發生時間，提供歷史發展線索，大可作為歷史研究的基礎。對當代民國史、臺灣史研究而言，資料之珍貴，實無過於此。

編輯凡例

一、本書依照「蔣經國大事日記略稿」編輯，依日期排列。

二、為便利閱讀，部分罕用字、簡字、通同字，在不影響文意下，改以現行字標示，恕不一一標注。

三、附件及補充資料以標楷體呈現，部分新聞報導之附件不收錄。

目錄

中華民國 70 年（1981 年）大事日記

中華民國 70 年（1981 年）

1 月 1 日　星期四

今日以「迎接一個重光大陸的年代」為題，發表元旦祝詞。強調中華民國七十年代必將是三民主義勝利的年代，也將是中華民國重光大陸的年代。

上午

九時十分，至三軍軍官俱樂部，參加中央黨部新年團拜。團拜後，見嚴前總統。

十時，在府內大禮堂，主持中華民國七十年開國紀念典禮暨元旦團拜。典禮後，見謝副總統、孫院長運璿、張副秘書長祖詒。

下午

三時四十五分，至慈湖恭謁先總統蔣公陵寢致敬。

元旦祝詞

親愛的父老兄弟姊妹們：

今天是中華民國七十年的開國紀念日，是中華民國進入七十年代的第一天，此時此刻，我們都正懷著無比的興奮和歡欣，充滿著樂觀和希望，來迎接這一新年代的來臨。並且大家深信：中華民國七十年代，必將是三民主義勝利的年代，也將是中華民國重光大陸的年代。

中華民國開國七十年來的歲月，一直是危疑震撼、動盪不安的多變之局。中國人民為求國家民族的獨立自由與富強康樂，歷盡了苦難，受盡了屈辱，所嘗的辛酸，所流的血汗，悲壯激烈，但我們從未向任何挑戰示弱，也從未向任何勢力屈服，更未向任何敵人低頭，中華民國為獨立、自由、平等所表現的英勇奮鬥，在現代史上所留下的光榮不朽事蹟，足以照耀世界，永垂汗青。

在這偉大的歷史進程中，共匪全面叛亂，乃致大陸沉淪。三十多年的赤色暴政，使我們中國大陸同胞慘遭浩劫，結果是證明了共產制度的徹底失敗。如今匪黨思想矛盾衝突，政治腐敗殘酷，經濟民窮財盡，軍事四分五裂，而且還在不斷的奪權，不停的鬥爭。暴政一日不滅，我億萬同胞永將是一無所有，一片黑暗。

我們之與共匪決不妥協，正因共匪所作所為，徹頭徹尾是民族的罪人，國民的公敵。先總統蔣公曾經昭示：「中華民國和叛逆共匪絕對是勢不兩立的，因為與匪談判，即是對大陸同胞在苦難中爭取自由火種之撲滅，與匪妥協，即是對歷史文化傳統的背離。」因之我們弔民伐罪，義無反顧。而更重要的使命，則是要把我們在復興基地奉行國父遺教、實踐三民主義的建設成果，登上大陸，作為重建新中國的藍本，使全國同胞能與我們同過民有、民治、民享的新生活。

事實勝於雄辯，三民主義統一中國的必然性，由我們自由地區政治安定、經濟繁榮、社會和諧、教育普及，和當前大陸極權專制、民生凋敝、貧窮落後、人心徬徨相對照，早已加以肯定。今天全球的中國人所一致殷切期待的，是期待早日消滅共黨邪惡於中國土地，早日解救大陸同胞於水火之中，早日使三民主義仁政光輝重見於大陸，而這個歷史責任落在每個自由中國人的肩上。

七十年代也將是考驗的年代，考驗我們能否肩起這項歷史重擔。所以凡是中國人，都應親愛精誠，團結奮發，共為完成神聖使命而勇往直前，攜手齊步，邁向勝利成功之路。

我們已經為這來到的七十年代立下標竿，指出了未來年月之中，必須擴大我們三民主義建設的經驗與成果，並且策定了七十年代全面的國家建設計畫，作好光復大陸、重建中華的一切準備，使這一個年代成為新中國的再生年代！

當然，我們預知，未來的日子裡，國際政經情勢必將繼續會有很大變化，中華民國可能還要遭遇更多的衝擊，但大陸共匪勢將愈變愈亂，愈亂愈衰。只要我們永遠堅守民主陣容，站在自由世界一邊，自強不息，奮鬥不懈，大家一條心，以力行三民主義為己任，使三民主義的光華大顯，則中華民國中興再盛的基礎必然大立，反共復國的勝利必然大成！

親愛的父老兄弟姊妹們：大陸山川錦繡，仍被共黨血腥污染，但滾滾長江，滔滔黃河，依然無分晝夜，湧向東流，匯入大海，我們反共救國的目標，正如江水之川流不息，永不改變。未來民族安危的「歷史之舵」，掌握在我們手中，讓我們以開闊的胸襟、遠大的目光，朝著既定的目標，熱烈地迎接中華民國七十年代的來臨，也讓我們一同高呼：

三民主義萬歲！

中華民國萬歲！

1月2日　星期五

今日致函教宗若望保祿二世，對教宗元旦和平日文告，表示推崇與響應。

上午

十時三十分，至林邊鄉公所，聽取鄉長林國龍的簡報，詢問當地水利村海堤興建情形。隨後並前往水利村堤防實地查看。

十一時十五分，巡視佳冬鄉塭豐村防潮堤，並詳詢海堤工程之進行情形。

十一時四十五分，蒞臨新落成的枋寮鄉公所，對其建築設計表示滿意。同時指示柯文福縣長除對基層的水溝、電話、道路、橋樑等建設，要全面推行外，更要加強心理建設。

下午

一時十五分，至龍泉榮民醫院，巡視新建病房及其設備，並向休養中的榮民賀年，殷殷詢問他們的生活情形。

二時，蒞臨屏東縣棒球場，正值中日青少棒友誼賽準備開賽，遂與二隊隊員握手及合影，同時受到觀眾熱烈歡迎，總統亦繞場向觀眾揮手致意。然後在大家歡呼聲中離去。

二時五十分，到達楠梓榮民塑膠工廠，聽取了張克勤廠長的簡報，並巡視了各個工場的設施情形，對其生產績效深表嘉許。

1月3日　星期六

上午

九時二十分，巡視興達港臺電公司火力發電廠施工處，對工程進展順利甚表滿意。並囑施工處主任鄭觀慶，轉達對全體員工的慰勉，同時指示加強工程品質及施工的安全。

十時五分，經過永安鄉時，曾下車訪問住於保安街二十號之鄧春謨住宅，及對面二十五號之薛江河住宅，也對在路旁之歡迎鄉民們問好。

十時三十五分，巡視燕巢鄉榮民之家，受到榮民們熱烈歡迎。曾親切地與他們握手、談話，詢問他們生活情形，並祝福他們新年快樂。

十一時〇二分，參觀岡山蔴品工廠。

中午

十二時，至第八軍團巡視，向官兵們賀年，並共進午餐。在餐後致詞時，勉勵官兵們要堅定思想、信心，加強團結，使國軍部隊一天比一天壯大，早日完成反共復國使命。

1月4日　星期日

【無記載】

1月5日　星期一

今日在大直寓所見新聞局長宋楚瑜。

1月6日　星期二

上午

八時四十分，至圓山飯店理髮。

十時，主持財經會談。指示有關單位，今年必須以控制物價為首要任務；對民間工商業應予更大力量的支持，農業技術改進，應作大量投資；積極節約能源，並大力開發能源；對公民營企業的科技研究發展工作，政府應主動加強並予輔導。此外對全年民生必需品的供應，希及早籌劃；年關將屆，中央銀行及各銀行應予各工商業適當融資。會談後，見孫院長運璿。

下午

四時三十分，在府接見美國參議員史蒂文斯及陳香梅。

今日在府先後見張副秘書長祖詒、馬秘書長紀壯、宋局長楚瑜、蔣秘書長彥士、沈秘書長昌煥。

1月7日　星期三

上午

九時，主持中常會。

下午

四時三十分，再接見陳香梅女士。

五時三十分，見大韓民國補佐官全敬煥。

今日先後見監察院王副秘書長文光、蔣秘書長彥士、梁主任孝煌、高部長魁元、宋總長長志。

1月8日　星期四

上午

十時起，在府見軍方調職人員二十四人。其中個別見者為羅張中將一人，集體見者有王宗炎少將等二十三人。

十一時三十分，接見美國參議員龍恩夫婦等。

中午

十二時，在臺北賓館接見薩爾瓦多共和國外交部長賈偉士，並以午宴款待之。

今日曾另見沈秘書長昌煥、馬秘書長紀壯。

1月9日　星期五

上午

十一時三十三分，至圓山飯店理髮。

下午

三時三十分，在府主持座談會。出席者有嚴前總統、謝副總統、孫院長運璿、倪院長文亞、黃院長少谷、陳資政立夫、谷資政正綱、袁副主任委員守謙、黃一級上將杰、馬秘書長紀壯、沈秘書長昌煥、蔣秘書長彥士、高部長魁元、朱部長撫松、宋總長長志。

五時，接見日本日華關係議員懇談會會長灘尾弘吉夫婦及日本眾議員金丸信夫婦。

今日曾分別見俞總裁國華、張副秘書長祖詒、汪顧問道淵、蔣秘書長彥士。

1月10日　星期六

上午

九時三十分，在府接見美國眾議員史蒂芬・索拉茲夫婦及約爾・普萊查德夫婦等。

十時三十分，接見南非共和國礦業暨能源部長戴克禮夫婦。

1月11日　星期日

今日在大直寓所見蔣秘書長彥士、宋總長長志。

1月12日　星期一

上午

八時四十分，在陽明山中山樓主持國軍軍事會議開幕典禮。在講話中，除嘉許國軍革新進步及慰勉全體將士捍衛國家的英勇辛勞外，對建軍備戰方針，亦有詳細的提示；同時並就當前國家的基本立場，臚列八項，作了明確的闡釋。

九時四十分起，在會中先後聽取陸軍總司令、海軍總司令工作報告，以及「國內政治情勢」的專題報告。

中午

約陸軍旅級以上主官三十二人午餐，期勉大家對部隊任何問題，要運用智慧，協力解決；要注重官兵思想、精神、紀律的教育和培養；要照顧士兵，為他們解決問題；對勤儉建軍，要更加奮發努力，達成任務。

國軍軍事會議開幕典禮講話主要內容

一、為什麼決不能與共匪談判

中華民國政府絕對不與共匪談判，是我們的基本立場，是我們永不改變的決策。

理由至為明顯，因為共匪鼓吹和談的目的，實際上就是要消滅中華民國和完全控制臺、澎、金、馬；使此一自由地區與中國人民，也像大陸同胞一樣，受其奴役迫害，我們如果與共匪談判，等於自我毀滅。

在共匪手中，和談實際上是另外一種戰爭——政治戰、心理戰與宣傳戰，它等於一顆政治炸彈；共匪企圖用此種策略，來消除我們堅決的反共意志，在我們內部製造矛盾與分化，以達到他們控制臺灣的目的。所以對付共匪和談的最佳政策，就是堅決拒絕。

二、唯有推翻大陸上共產暴政，中國問題才能得到真正解決

我們除了決不與共匪談判之外，對所謂中國問題或臺灣問題的解決，也有我們的基本立場。

首先我們要說明的，就是今天只有中國問題，沒有所謂臺灣問題；而中國問題的真正解決，實際上是如何取消大陸上的共產專政與共產暴政問題。再明白的說，中國問題的真正解決，必須使大陸實行三民主義，重建民有民治民享的自由中國，才能符合中國人民的共同願望，才能符合所有民主國家與自由世界的長期利益，有

裨於世界的安全和平；除此而外，別無他途。

其次，現在共匪因為與蘇俄對立，雖然暫時不能不利用次要敵人（民主國家），來對付它的主要敵人（蘇俄），但是，如果目前國際間的實力平衡有所改變，或蘇俄與中共間的關係有所改變，則共匪的政策路線，亦可立刻改變，屆時中共今天所視為的次要敵人，明天就會變成它們的主要敵人。因此，我們對於解決中國問題，要將眼光放大放遠來看；此即中國大陸和億萬人民如被共匪長期控制，對於民主國家和世界人類，終將構成最嚴重的威脅。所以中國問題的真正解決，必須剷除大陸上的共黨專制暴政，重建民主自由的中國。

三、推翻共產暴政要依靠中國人民力量

當然，中國問題的真正解決，時間與力量，都是主要的因素，對此我們也有根本的看法。

一個殘暴政權被推翻，都是起於人民的不滿與反抗，所以推翻大陸上共產暴政的主要力量，不是武力，乃是民心，乃是大陸和自由地區的中國人民。

四、對於共匪是否「使用武力」的看法

共匪一再揚言，如果中華民國政府拒絕談判，他們對於解決臺灣問題，並不排除使用武力。關於這一點，又可以分為幾點來說明：

第一、就共匪的戰略而言，和談便是要我們吃下毒藥，慢慢的死亡；使用武力則等於用利刃來殺戮我們。當然我們既不會吃下和談的毒藥，也決不畏懼匪的武力威脅。如果共匪對我們使用武力，我們自必不惜任何代價，作殊死戰。不過，一旦共匪果真發動戰爭，則此戰爭即將引發大陸同胞全面反共抗暴鬥爭，徹底消滅共產暴政，重建三民主義的統一中國。

第二、在中外歷史上，都有很多以寡敵眾、以少勝多的例證。因為使用武器的是人，人都有理性與良知；而受盡共匪欺騙、奴役與迫害的大陸同胞，如果被共匪驅使來攻打我們，那將是他們起義抗暴最好機會。在歷史上，因戰爭而引發內部革命事例，亦屬所在多有。

這個問題的根本是如果共匪使用武力，我們全體軍民除了堅強奮戰以求勝利而外，別無任何其他選擇。

國際間有人認為：目前中共內部困難重重，外受蘇俄威脅，似乎不可能對臺灣使用武力。

我們不能同意這種看法。一、共匪瘋狂好戰，慣於冒險僥倖，只要他們認為有機可乘，隨時都會發動戰爭。所以對於共匪的想法與行動，是不能用常情常理來測度的。二、共匪是暴力主義者，相信只有槍桿子才能解決問題，所以他們不會放棄使用武力，問題只是時機與條件而已。同時，他們亦必從槍桿子上垮下來。

五、確保臺海安全的有效途徑

共匪對於美國售予中華民國防衛武器，一再表示反對，認為足以妨礙他們的和談要求，增加臺海的緊張情勢，這是共匪慣於使用的障眼法。

實際上，制止共匪對臺灣使用武力的唯一辦法，是充實我們自身的防衛能力，我們的防衛能力愈強愈大，共匪愈不敢冒險僥倖，臺灣地區的安全與西太平洋地區的和平，才愈能確保。反過來看，如果我們的防衛能力日趨削弱，共匪的武力日益強大，則臺海與西太平洋地區的情勢，就會因而日趨緊張，戰爭終將難以避免。

明乎此，當知美國售予我們精密武器，增強我們的防衛能力，同時不將武器售予共匪，不增強其軍力，才是確保臺海安全與西太平洋地區和平的有效途徑。

六、為什麼不與共匪通商、通航、通郵

至於共匪所提的通商、通航、通郵等問題，拆穿來看，都是共匪和談陰謀的一部份，是政治的而非經濟的，其作用在利用通商、通航、通郵，來便利他們對臺灣的滲透與破壞。所以我們不與共匪通商、通航、通郵，乃是堵塞共匪對我國進行滲透與破壞的必要措施。

七、對臺獨問題應有的認識

談到臺灣獨立問題，我們已經說過，今天只有中國問題，實際上並無所謂臺獨問題。所謂臺獨問題，只是共匪利用一小撮無知的野心份子所製造出來。

共匪利用一小撮人搞臺獨活動，目的是企圖在國際間製造各種錯覺幻想，破壞我們與自由國家間的關係；同時企圖在我們內部搞分化破壞，假借民主自由之名，製造暴亂，實行顛覆，這是共匪一石兩鳥的詭計。

今天在海外的臺獨組織與活動，實際上均受共匪駐外機構與地下組織的支持與控制；所以臺獨不過是共匪手中的一個政治工具。共匪一方面在海外製造臺獨活動，另一方面則又一再表明，如果臺灣進行獨立，他們就要使用武力進攻臺灣。這種事實正可說明，共匪搞臺獨活動的真正目的，乃在企圖完全控制臺灣。

海外一小撮所謂臺獨份子，對共匪的策略認識不清，被共匪玩弄於股掌之上，實為親者所痛、仇者所快；希望他們能認清共匪的真面目，迷途知返，共同為反共救國和反共救鄉而奮鬥。

八、我們決不聯俄的理由

今天有些民主國家企圖利用中共來牽制蘇俄，因之也有人想到，中華民國有無利用蘇俄來牽制中共的考慮。

關於這個問題，也可以分為幾點來說：

第一、今天民主國家所面對的敵人，不僅是一個共產國家，更重要的，乃是一種與我們完全不同的思想方式（馬列主義）與生活方式（共產制度），這與十九世紀歐洲的政治情形完全不同。因為那時歐洲各國之間雖有矛盾，但在思想方式與生活方式上並無衝突，所以昨天的敵人，今天可以變成朋友，敵人的敵人，可以視為朋友。今天共匪與蘇俄，同樣都是民主國家的永久敵人，它們之間雖有矛盾，但決不會因此放棄他們要埋葬資本主義世界的共同目標。所以聯共匪制蘇俄或聯蘇俄制共匪的想法，都是非常危險的短見。

第二、從帝俄到蘇俄，都想將中國置於他們的控制之下，共匪不顧國家的利害，過去接受蘇俄的支援與指揮，已經造成如此嚴重的災禍；我們決不會幻想用蘇俄制共匪，引狼入室，招來無窮的禍害。我們深深了解，推翻大陸上的共產暴政，必須依靠中國人民的意志和力量，如欲假手於蘇俄，就會使中國陷於萬劫不復之地。

第三、外傳我們與蘇俄有所接觸，實際上都是共匪製造散播的謠言，其作用在離間我們與民主國家之間的關係，希望國際人士了解我們決不與蘇俄接觸的堅定立場，不要輕信共匪散播的謠言。

1月13日　星期二

上午

八時，參加軍事會議讀訓。

八時四十分起，先後聽取「國際情勢」專題報告及空軍總司令、聯勤總司令、參謀總長等之工作報告。

中午

約陸軍旅級以上主官三十二人午餐。期勉大家今後要發揚刻苦耐勞和堅苦卓絕的精神，以擔當更重的責任；各級部隊長要注意幹部與士兵的管教，培養年輕幹部的領導和統御力，從而帶動他們共同去教育士兵，且必須出諸愛心，並付出情感。每一官兵都要為自己部隊創造光榮的事蹟，並以此自任自許，則團隊精神，必更能發揚光大。

1月14日　星期三

上午

八時，參加軍事會議讀訓。

九時，主持中常會。

中午

在中山樓約海軍一級艦長及陸戰隊團長以上主官三十二人午餐。期勉大家：

（一）海軍在教育、訓練、裝備更新等各方面既要求取進步，也應研究改進缺失。
（二）陸戰隊應經常保持精壯，並更求進步。
（三）注意幹部的培養、選拔與教育。
（四）海軍士兵服役三年，應使他們生活、訓練都教育化，才會發揮實際成效。
（五）海軍工廠應對設備充實、技術更新、工作改進等方面去努力，尤須注重技工的培養。

1月15日　星期四

上午

八時，參加軍事會議讀訓。

八時四十分起，聽取「國家科技發展」專題報告及警備總司令工作報告。

中午

約空軍大隊長及團長以上主官三十二人午餐，並作重要提示如次：

（一）空軍不僅要重視空軍勤務，對裝備保養維護等各項措施，亦均不可掉以輕心；而空勤與地勤人員的密切合作，尤應加強和注意。
（二）空軍所有人員，均全天候的在備戰、訓練及修護，所以希望大家注意精神的培養與體能的鍛鍊；

同時基地的康樂活動設施，總部應研究增強。

（三）空軍近年來，在研究發展方面很有進步，希望繼續精進，在「勤儉建軍」的要求下，創造更大成果。

下午

一時十分，至臺北市立殯儀館，祭悼中華民國棒球協會理事長謝國城之喪。

在府曾分別見朱部長撫松、秦主任委員孝儀、魏顧問景蒙、沈秘書長昌煥、馬秘書長紀壯。

今日致電大韓民國全斗煥大統領，賀其當選民主正義黨總裁。

1 月 16 日　星期五

上午

八時三十分，至圓山飯店理髮。

九時三十分，接見美國華府地區自由報人暨專欄作家魏依斯等七人。

十時，接見日本眾議員山口敏夫等四人。

十時三十分，接見美國眾議員柯克蘭夫婦。

十一時，接見南非共和國郵電部長史密特及郵政總監貝斯特等二人。

十一時三十分，見當選六十九年好人好事代表六十九人，嘉許彼等善行義舉，足以振人心、勵風俗，必將促使國家邁向更好境界。並以先總統蔣公紀念章，分贈給好人好事代表們。
在府曾見秦主任委員孝儀。

下午
六時，在陽明山中山樓，約各軍種總司令等晚餐。餐後並觀賞晚會。

1月17日　星期六

上午
八時，參加軍事會議讀訓。
八時四十分，聽取「國家經濟建設」專題報告。
九時四十分，在中山樓見孫院長運璿。

中午
約聯勤、警備、憲兵旅級以上主官三十二人午餐，並分就其職責所在，有所勗勉，希望大家精進奮發，共策事功。

下午
四時，聽取總結報告並裁決。
五時二十分，主持閉幕典禮，曾提示大家進行反共戰爭，必須遵循領袖蔣公的訓示：「以革命的精神、革命的戰法，來打革命的戰爭。」希望全體官兵，繼續發揮耐苦耐勞及堅苦卓絕的精神，使國軍部隊，日新月盛，精進不已，一齊完成反共復國的歷史使命。
六時，與出席軍事會議全體人員會餐。

1月18日　星期日

上午

十時三十分，約孫院長運璿、黃院長少谷、馬秘書長紀壯、沈秘書長昌煥、朱部長撫松等座談。

今日在大直寓所見宋局長楚瑜。

1月19日　星期一

今日在府見朱部長撫松、沈秘書長昌煥、馬秘書長紀壯、張副秘書長祖詒、宋總長長志。

1月20日　星期二

在府見俞總裁國華。

上午

十時，主持財經會談。提示如下：

一、克勤克儉，開創我經濟新境界。

二、鼓勵企業合併，擴大經營規模，以提高生產力。

三、分散外銷市場，使增加出口，來促進國內景氣的早日恢復。

四、協助中下游工業發展，以扶持中小企業的發展。

五、基層建設工作，仍應隨時檢討改進，以確保工程品質的良好。

1月21日　星期三

上午

九時，主持中常會。

常會後，見宋局長楚瑜、中央日報曹董事長聖芬、宋主任委員時選。

1月22日　星期四

上午

十時，在府接見日本日華關係議員懇談會訪華團議員龜井久興、平沼赳夫、船田元、植竹繁雄、泰道三八、高木正明、增岡康治、板垣正、村上正邦、內藤健、井上裕等十一人。

十時三十分，接見臺北美僑商會前會長派克暨現任會長祈登士等。

十一時，見旅港高齡名畫家鮑少游先生。

十一時十五分，見中山大學校長李煥。

1月23日　星期五

今日在大直寓所見宋局長楚瑜、魏顧問景蒙。

今日晚間獲悉士林外雙溪攔水壩因放水造成學生死傷事件，極為沉痛。特指示馬秘書長紀壯代表前往現場勘察，並轉往榮總探視傷者，轉達關懷慰問之意。

1月24日　星期六

上午

十時三十分，在大直寓所聽取臺北市長李登輝報告外雙溪事件發生經過及善後處理事宜後，即指示李市長要全力妥善照顧住院傷者，使他們早日痊癒；並對死者家屬從優撫卹；有關死者喪葬事宜，也由臺北市政府盡全力妥善處理。

1月25日　星期日

今日在大直寓所見馬秘書長紀壯、孫院長運璿。

1月26日　星期一

【無記載】

1月27日　星期二

下午

三時四十四分，在大直寓所見榮民總醫院姜必寧主任。

1月28日　星期三

上午

九時，主持中常會。促全黨同志認識共匪審判「林江集團」，無異是審判共產政權，更無異是其自掘墳墓。共匪三十一年來，在大陸的暴政，實為前所未有的酷烈。其內部鬥爭也日甚一日，並不會因其審判「林江集團」而中止，而其迫害大陸同胞亦必將較前加甚。希望全黨同志注視其發展，並加速反共復國的行動。本黨遵照主席指示，為共匪審判「林江集團」，特於今天發表告海內外同胞書，指出匪黨是中國的罪人，應該受到全民的審判。

在府見馬秘書長紀壯、張副秘書長祖詒。

下午

三時五十五分，在大直寓所見沈秘書長昌煥。

中國國民黨告海內外同胞書

海內外同胞們：

一、

從去年十一月二十日起，大陸共匪開始在北平審訊所謂「林彪、江青反革命集團」，將列名為被告的江青、黃永勝等十人，稱為「十惡」，經過了四十天鬧劇式的「審判」，又經過了二十六天的所謂「合議」，終於在本月二十五日，把拘押了九年多的黃永勝和拘押了四年多的江青一干人等，宣布了「判決」，無論所判的刑度如何，其作用顯然是要以這十名匪酋的生命和自由，為共匪三十一年來對大陸同胞所施行的暴政推卸罪責，希望藉此來緩和大陸億萬人民對其高壓統治的不滿和反抗，並且由此展開另一回合的奪權鬥爭。

其實共匪一切罪惡，都來自邪惡的馬列共產主義、毛澤東思想及其制度。整個共產黨都是中國的罪人，所以該受審的，不只是江青等「十惡」，而應該是包括已死的毛澤東、周恩來和仍然活著的華國鋒、鄧小平等在內的全部匪酋和邪惡的共產思想制度。

誰也知道，共產主義思想和制度不能適合於中國，中共匪黨三十一年對大陸的統治，除了禍國殃民的罪行之外，完全表現為匪酋權力的爭奪。在權力鬥爭中得勢的一派，享盡特權，失勢的一派，就受到極盡其摧殘之能事的整肅鬥爭。這一次受審的十惡匪徒，正是共匪權力鬥爭中的失勢者，所不同的，不過是這一次為了適應它「當權派」匪酋的需要，採取了所謂「依法審判」的形式，卻表現得十分醜惡而已。

二、

關於匪黨欺壓迫害人民的罪惡本質及其不斷的內亂鬥爭，本黨總裁蔣公早就作了明確的論斷。民國四十一年總裁在「反共抗俄基本論」中指出：中共匪黨是「流氓和暴民的本質」，匪酋、匪幹們「貪污腐化」和「安富尊榮」的思想，是「由流氓和暴民蛻化為官僚和軍閥」的必然現象。它的整風內鬥，不過是「得勢的一派，藉以否定另一失勢的一派，不久必有更為得勢的一派，起而否定現在得勢的一派」。這種權力形勢的消長，形成了惡性循環，所以共匪內部「分不能合、亂不能止」，必致土崩魚爛而後已。

我們看一看共匪審訊「林、江集團」所宣布的罪狀，試問那一條那一款，不是共產黨真實的罪狀？不是毛澤東真實的罪狀？這一次「公審」的四大罪狀、八大罪狀、四十八條罪行，實際貫串了共匪三十一年對大陸罪惡統治的全程，而其共黨內部的路線和權力鬥爭，也與其各個時期的暴政及大陸同胞的反抗互為因果。關於這一點，總裁在民國五十八年三月廿九日「革命歷史的啟示和革命責任的貫徹」講詞中就曾經說過。當時，劉少奇、鄧小平被鬥垮，林彪被確定為毛匪「最親密的戰友和接班人」。總裁當時肯定地指出：匪黨「九大之後的鬥爭，將更集中於江青、林彪、周恩來之間。從前江青與林匪、周匪合作，是為了要鬥垮劉少奇、鄧小平。現在劉、鄧既倒，當然毛江與林周要再鬥爭、再分裂、再奪權，而其最後，就自然是一場公開的內戰之總爆發」！

我們看總裁所指出的這一場匪黨公開的內戰，在

「九大」鬥垮劉少奇以後，緊接著又在民國六十二年的「十大」鬥垮了林彪。當時由我們政府有關部門所蒐獲並首先公之於世的共匪「五七一工程紀要」，記載了林彪發動這一「內戰」的詳細計畫，事敗之後，林彪被宣布在蒙古墜機喪命，而黃永勝、吳法憲、李作鵬、邱會作也都關進秦城監獄，以後又加上江騰蛟，一齊成為所謂林彪反革命集團的主犯。這只是略舉一例而已。要知，三十一年來，我們歷次對大陸匪情的蒐獲與研判，沒有充分受到自由世界的重視，而現在卻證明都是鐵的事實。

毛江鬥垮劉鄧，是得了林彪的幫助，以後處理林彪事件時，張春橋、葉劍英、汪東興等，都是毛匪的忠實助手。然而曾幾何時，在毛、周死亡之後，江青「四人幫」在鬥爭中失勢，民國六十五年十月，因華國鋒、汪東興的倒戈而被捕。昔日聲勢顯赫的「當權派」，今日成為階下囚。其實就是在「四人幫」被捕、鄧小平再得勢之後，匪黨內部的鬥爭也不曾一日停止，而且愈演愈烈。這一回合的鬥爭主要表現為華鄧兩匪間的奪權，而葉劍英依違於二者之間，從匪黨「十一大」到現在，又不知有過多少浮沉和反復。而現在，鬥爭還正在進行，並且在不斷擴大之中。

三、

我們知道，匪黨歷次鬥爭整肅，受害的都是無辜的大陸同胞，今後還不知有多少大陸同胞要人頭落地。

現在共匪妄圖以所謂林江集團的「十惡」，為它三十一年對大陸同胞所施行的種種暴政抵罪，因而揭露了許多「冤、錯、假案」。依「起訴書」統計，在這些「冤、錯、假案」之中，直接被誣陷、迫害的領導幹部共四百二十五人，受迫害的一般幹部和大陸同胞七十二萬七千四百二十人，被迫害死亡者三萬四千二百七十人。這真是避重就輕的無恥謊言。試問，共匪竊據大陸三十一年，從所謂「五大運動」、「三面紅旗」、「文化大革命」，以及爾後的林彪事件、天安門事件、四人幫事件，直到年輕一代廣及工農和知識分子爭自由、爭民主、爭人權運動中間，受到共匪奴役迫害、鎮壓屠殺的大陸同胞，何止此數？又何止百千萬數？就依國際間客觀概略的估計，認為中國人為共產主義付出的生命代價，至少也在六千萬人以上，這是人類曠古未有的慘變浩劫。

四、

鄧小平一派想把這場慘變浩劫，完全卸罪於「文革」。其實何止「文革」十年是慘變浩劫，共匪統治大陸整個三十一年期間就是中華民族的一場莫大的慘變浩劫，豈是它審判「林江集團」所謂「十惡」所能抵罪於萬一。

共匪審判「林江集團」，正被鄧小平一派用作奪權鬥爭的新手段，為他在匪黨「十二大」肅清反對勢力、奪取獨裁權位作準備。他的企圖是經由「林江集團」的審判，而摧毀華國鋒的權力基礎；也經由「林江集團」的審判，為他自己的所謂「新體制」、「新路線」掃清一切障礙。

儘管「林江集團」十名被告在北平的「特別法庭」

上有不同的表演，但是審判的結果，卻一無例外地暴露了並坐實了共匪醜陋的罪惡。現在審判結束，匪黨將要召開「十二大」，這必將是匪黨另一個權力鬥爭的高潮。今天鄧小平一派，表面上似乎是正在得勢，但是匪軍和地方基層卻不是胡耀邦、趙紫陽等人所能控制的。就在「文革」期間加入匪黨的一千八百萬黨員來說，要想在一次整黨整風中加以清洗，又談何容易？我們可以說，無論今天匪黨如何製造法治的假象，如何推卸暴政的罪責，都是對世人的欺騙，而鄧小平大搞「四個堅持」（堅持社會主義道路，堅持人民民主專政即無產階級專政，堅持共產黨領導，堅持馬列主義毛澤東思想），殘民以逞的本質不但絲毫不會改變，今後必將更加引發大陸的廣泛動亂，匪黨內部的權力鬥爭，尤必惡性循環，日甚一日。一如總裁所先見的，共黨未來新的得勢的一派，仍然要鬥垮現在當權的一派。

不過，這一次共匪對「林江集團」的審判，實際上起了全民審判共產黨的作用。共匪的殘暴、陰狠、專橫、無恥，都已因這一次的審判而暴露無遺，共匪所據以統治大陸的思想制度，更因這一次的審判而被其全盤自我否定，被審判的人是「惡」，審判的人也同樣是惡，其所據以統治的馬列共產主義、毛澤東思想和制度，更無一不惡。我們相信一切有良知血性的中國人，都絕不容許少數匪酋，把這種已由事實證明為邪惡和錯誤的共產主義思想制度，伴同匪黨內部冤冤相報、惡性循環的繼續鬥爭下去。就是絕大多數的中共黨員，也一定會在民族大義之下，明辨是非利害，站到爭自由、爭民主、爭人權的反共陣營一邊。

同胞們！民國七十年代是共產主義瓦解崩潰的年代，也就是我們貫徹三民主義、重光大陸的年代，讓我們加速復興基地政治的經濟的社會的文化的軍事的建設，加速結合海外同胞特別是大陸同胞的反共奮鬥，使中國大陸得到全面的自由化、民主化、中國化的統一！

1月29日　星期四

【無記載】

1月30日　星期五

上午

九時〇六分，至圓山飯店理髮。

十時，在府辦公室作農曆除夕談話錄影。

十一時，在府接見斐濟總理馬拉等三人。

中午

十二時，在臺北賓館接見哥斯大黎加第二副總統兼代經濟暨工商部長阿法若，並以午宴款待。

下午

五時三十分，至三軍軍官俱樂部，主持慰問情治人員茶會。

今日在府曾見蔣秘書長彥士、馬副總長安瀾。

1月31日　星期六

【無記載】

2月1日　星期日

上午

九時二十五分，巡視臺北縣樹林鎮公所，聽取鎮長高文良的鎮況報告，並對鎮民生活情形，垂詢甚詳。步出鎮公所後，曾向街道兩旁民眾揮手致意，祝福大家新年愉快。並曾至鎮前街建新眼鏡行，訪問店東周朝榮，然後在民眾歡呼中離去。

十時四十八分，抵達鶯歌鎮，訪問市拿陶藝有限公司，由該公司董事長許明亮引導並參觀其工場製造作業情形。停留約一小時，對該公司產品之仿古與創新風格，頗表嘉許。

中午

在鶯歌鎮長陳碧松之寓所午餐，並與其全家合影留念。

十二時五十八分，參觀樹林之鎮南宮，對該廟熱心辦理社會教育，表示嘉勉。

下午

一時十四分，至臺北縣家畜市場，巡視其設備與毛豬拍賣情形。

一時二十五分，離開臺北縣。

2月2日　星期一

下午

三時二十二分，巡視衛戍師。

四時三十分，在府接見美國貝泰關係企業總裁舒茲等三人。
五時，接見美國國家地理雜誌資深編輯葛羅福等三人。
五時三十分，見新任北美事務協調委員會駐火奴魯魯辦事處處長左紀國。
另見馬秘書長紀壯、宋總長長志。

2月3日 星期二

今日金門防衛部，將總統為「金門花崗石醫院」及「迎賓館」所撰之落成誌兩塊刻石，分別裝置於醫院的門前及賓館的大廳，以象徵此二建築物全部落成。

上午
十時，主持軍事會談。會談前曾見陸軍總司令郝柏村。
另在府曾見張副秘書長祖詒、孫院長運璿、高部長魁元、魏顧問景蒙。

下午
三時三十分起，分別見蔣秘書長彥士、李市長登輝。
四時十七分，由臺北市李市長陪同，先到臺北火車站巡視，並向旅客們賀年問好。隨後轉往水源市場及延吉超級市場巡視，除詢問攤商們的生意情形及商品價格外，並不斷與民眾握手歡談。
五時四十七分，至李市長寓所，由李市長親自接待。逗留約七分鐘後離去。

花崗石醫院落成誌

這所醫院是我金門全體國軍官兵，以集體的智慧、無畏的意志、克難的技術、加上必成的信念，經過二年的時間，用勤勞、血汗和決心建築而成的一所戰地醫院，它的落成，代表著國軍壯闊的力量，也代表著金門的戰鬥精神。

我把這所醫院命名為「花崗石醫院」，不僅由於它是建築在花崗石的山岩之內，因地取名；而且更是象徵我們中華民國不懼任何艱危、不怕任何困難、永遠堅強屹立、其介如石的志節，就像萬古磐石一樣，千秋永恆。

建造是人類發揮智能、試煉信念來實現理想的事業，最宏偉的構築，只要信心動工，即使移山填海，決無不成之理。我們對此醫院工程的艱鉅，不避開山鑿壁之險，所憑藉的也就是無比堅毅的信心，願以這份滿懷信心的至誠，來紀念這座醫院的竣工，也願所有來到這裡的官兵弟兄們，在息養之後，個個充滿信心，更增勇武，剛強地迎接勝利！

蔣經國

中華民國六十九年歲次庚申中秋節

迎賓館落成誌

「你要擊打磐石，從磐石裡必有水出來，使百姓可以喝」——舊約出埃及記十七章六節

摩西在三千多年前擊打磐石，解除了百姓的乾渴。如今我們開山纍石，建造了反共最前哨的海上堡壘。

金門——這自由的燈塔，雄峙閩海，屹立敵前，在

世人眼中看來，幾乎都認是個奇蹟。但我們自己知道，只因我們不曾消極地去忍受橫逆，而是積極地化橫逆為力量。因之，金門已為世人立了一個榜樣，那就是不在乎遭遇甚麼樣的苦難，要緊的是用甚麼樣的力量來克服。

為了一睹這個巍峨海上的反共長城，海內外同胞和全世界各地的反共人士，都以身臨聖島、親探神奇為榮，每年嘉賓絡繹不絕，於是建設一座賓館至有必要。金門防衛司令部以精巧的構想、細緻的設計，特擇南雄山麓，在層巒環抱中，闢築館舍。雖然施工過程極為艱辛，幸賴部隊官兵的奮勇不懈，歷時二年，終告落成。而其匠心獨運，福地洞天，則又給金門增添了雄偉的特色。

孔子說：「有朋自遠方來，不亦樂乎？」我把這座建築命名為「迎賓館」，也就是要以至樂的心情，歡迎來自海內外愛好自由的朋友們，同享山光的靈秀，欣賞海天的景色，並且盡情呼吸自由的、清新的空氣，使金門的奮鬥精神，與全球自由鬥士的豪情壯志，聲氣相通，益增光輝！

願以我們迎賓的熱忱和友誼的溫暖，使所有來此的嘉賓，都有賓至如歸的感受。

蔣經國

中華民國六十九年歲次庚申中秋節

2月4日　星期三

上午

九時，主持中常會。於聽取國貿局長鄧學鋸所作對外貿易工作報告後，期望從政同志共同致力於協助經濟發展，以及對外貿易工作的更加開展。今後應全面加強拓展市場，改變貿易觀念，擴大貿易作為，重視對外貿易機構和人才；特別是對外貿易的方法，以及便民措施，簡化手續，使外貿功能能夠日益擴大發揮，經濟建設能夠日益宏廓進步。會後，先後見考試院劉院長季洪、馬秘書長紀壯。

下午

六時十九分，在慈湖進晚餐。

七時三十分，透過電視與廣播，發表六十九年農曆除夕談話，勉勵全國同胞共同以蓬勃的朝氣、樂觀的態度、齊一的步伐、積極的作為，熱烈的迎接新年代的來臨。

除夕談話

親愛的父老兄弟姊妹們：

今天是農曆的除夕夜，給大家拜個早年，恭喜大家事事如意，歲歲平安！

一年來，經國常常到各地參觀訪問，大家總是滿臉笑容，和我親切的握手，愉快的談話，給我友情的溫暖，使我萬分感動。同時看到大家一團和氣，到處欣欣向榮，尤其看到各地方的基層建設，進行得都很順利，顯然我們的國家施政已經深深向下紮根，內心實在高興。因之，借這大家吃年夜飯的時刻，首先要向大家祝賀新春快樂，還要謝謝大家給予政府的支持和合作。

過去一年中，我們國家也遭遇了很多困難，但是由於全體同胞發揮自立自強精神，大家辛勤努力，奮發上進，人人貢獻智能的結果，使我們克服難關，在平穩中度過，並在許多地方都有顯著的進步。不過有幾件事，我心中一直深感不安：

第一、上年春天，我們遇到一次乾旱，影響農作物的收穫，使得很多農家遭受損失；同時也造成了大多民眾用水的不便。

第二、這一年來，由於國際經濟情勢的不穩定，石油價格不斷提高，使我們國內物價也有較大幅度的上漲，影響到大家的生活。

第三、車禍時常發生，造成許多傷亡，說明我們的交通和道路管理不夠理想，必須力求徹底改進。

特別是就在前幾天臺北市發生的外雙溪放水不幸事件，造成了許多同學的死傷，實在令人痛心，也顯示有些單位對於所管事務的粗忽，必須徹底整頓。

親愛的父老兄弟姊妹們！一個國家就是一個大家庭，所有的民眾都是一家人，政府一切措施，都是在為同胞著想，要使這個大家庭一年比一年興旺。現在中華民國復興基地民眾的生活，一般都已過得相當好，顯得這個家庭很有朝氣；但是還有一些比較貧苦和身體殘障的民眾需要幫助，農民、漁民和工人們一年到頭都非常辛勞，所以要多給他們關懷和照顧。當然目前政府的施政，難免還有照顧不週的地方，不過我可以向大家保證，政府一定永遠以最大的誠意和熱心，來為大家服務，來求不斷的改進。同時也希望大家繼續支持政府，同心協力，緊密合作，使我們的大家庭更興旺，也就是使大家的生活更改善，社會福利辦得更好，國民住宅繼續大量興建，使人人都能夠過著安居樂業的生活，使我們的國家更富強。

過農曆年，在我們中國人的傳統民俗中是一件大事，我們在臺、澎、金、馬自由地區的中國人，生活在三民主義的幸福天地，都能高高興興，喜氣洋洋，過著歡樂又熱鬧的春節新年。但是今天大陸的苦難同胞，在共產暴政的壓迫之下，妻離子散，生活困苦，失去了幸福，失去了自由，更無法歡度春節，我們除了寄予無限的同情外，尤須在復興基地繼續努力奮鬥，加強各項建設，做好一切重光大陸的準備，以求早日解救大陸同胞於水火之中，同享三民主義建設的成果，完成我們所負的歷史責任。

新的一年，是我們建國七十年代的開始。依農曆來算，歲次辛酉，適逢雞年。古人曾說：「風雨如晦，雞鳴不已。」我們深信，世局的晦暗就要過去，光明即將展現，我們國家必然能夠像旭日東昇一樣，充滿著光明和希望。讓我們共同以蓬勃的朝氣，樂觀的態度，齊一的步伐，積極的作為，熱烈的迎接新年代的來臨。

最後，我要赤誠的祝福大家人人健康、家家快樂！祝福我們的社會更進步，國運更昌隆！

2月5日　星期四　春節（農曆辛酉年元旦）

【無記載】

2月6日　星期五

【無記載】

2月7日　星期六

上午

八時四十分，至士林官邸。

十時十五分起，先後至陳資政立夫、何一級上將應欽、劉一級上將安祺、張資政羣、黃院長少谷、嚴前總統、孫院長運璿等寓所拜年。

下午

三時五十分，巡視七海警衛組、侍衛室、警衛隊及憲兵營等單位。

四時十八分起，先後至陳故副總統、顧一級上將祝同、黃一級上將杰、吳資政經熊等寓所拜年。

2月8日　星期日

下午

三時五十七分起，先後至俞總裁國華、葉資政公超、張大千先生等寓所拜年。

2月9日　星期一

上午

在府見馬秘書長紀壯，張副秘書長祖詒。

十一時三十二分，蒞中央黨部。

下午

三時五十一分，與夫人探望孝武與孝勇先生於其寓所。

四時二十八分，與夫人探望孝文先生於其寓所。

2月10日 星期二

上午

十時，主持財經會談。指示有關單位，以更積極的態度和作為，來從事各項建設，並發揮勤儉精神，提高生產力，降低生產成本，以達成今年預定的經濟成長與穩定的目標。在對外貿易方面，必須提高品質，同時更要積極拓展工、農產品的市場。另外，春耕已在進行，應妥擬措施，開闢水源，以避免因乾旱對農民造成的損失。

下午

四時三十分，接見美國前眾議員伍爾夫。（伍氏現任泛太平洋社區協會總裁）

今日在府見馬秘書長紀壯、孫院長運璿、北美事務協調會駐美特派員汪希苓、蔣秘書長彥士。

2月11日 星期三

上午

九時，主持中常會。期勉全黨同志，正視最近大陸青年在海外投奔自由的情形，要對他們深致關懷。並且認為，共匪暴政已為大陸同胞所厭棄，今後大陸同胞、大陸青年、乃至共黨幹部，堅強反抗暴政與投奔自由的行動，必將日益增多，而共匪內部的危機，亦必由此而擴大加深。常會後，見孫院長運璿。

十一時起，在府先後見駐新加坡代表胡炘、中央研究院旅美院士丁肇中博士。

2月12日　星期四

【無記載】

2月13日　星期五

上午

十時十二分，至圓山飯店理髮。

十時四十九分，至建國南路吳嵩慶先生寓所，賀其夫婦八十雙壽。

今日在府見宋總長長志、張副秘書長祖詒。

2月14日　星期六

上午

八時三十分，乘機飛臺中。

九時三十一分，抵成功嶺基地貴賓室聽取簡報。

十時，主持大專學生寒期集訓結訓典禮。期勉青年同學們，要永保一顆「英雄的心」，立大志、發大願，充實自己，磨練自己，為國家開創充滿成就、進步、光明的時代。

中午

與學生代表會餐。

十二時五十一分，蒞臨清水鎮，參觀南社社區，並聽取鎮長吳政彥的簡報。

下午

一時〇三分，巡視清水鎮公所，適值鎮公所、鎮民代表會、民眾服務分社在所內中山堂，舉行「聞雞起舞」餐會，他們見總統蒞臨，都起立歡呼，並高唱「歡迎歌」和「總統，我們永遠祝福您」兩首歌，以表達對總統崇敬之意。隨後，又巡視了民眾服務分社，並走到鎮北街上，來往的民眾都圍過來向總統問好，總統也向他們賀年，祝福他們新年快樂。

一時十七分，離開清水鎮。

七十年度大專學生集訓第三梯次結訓典禮致詞

親愛的青年同學們：

成功嶺的訓練，是文武合一的全才教育，是凝結知識、技術、體能、精神在一起的全能訓練。透過這個訓練，各位不但可以知道怎樣養成健全的人格和奮鬥自強的革命情操，而且定能更加堅定復國建國的必勝信心。因此在這個結訓典禮的場合，我首先要為各位已經完成了這樣一次重要的、可貴的訓練，而向各位道賀。

結訓雖然是訓練的完成，但也是實踐的開始。

所謂實踐，就是要把各位所受的訓練，尤其是要把各位所習做人做事的精神和道理，藉著具體的行動表現出來。同時，我們所求的，不是局部的或一時的興之所至的表現，而是要在各位學業和事業各方面的恆久貫徹。惟有做到這一點，各位為接受這次訓練所付出的心力，才沒有白費；而成功嶺的訓練，才能算是真正成功。

古人說過：「一年之計在於春，一日之計在於晨。」就一個人的整個生命展望，我們也未嘗不可以說：「一生之計在於青年。」按照一般情況，青年也就是各位今天身為學生的這段時期，因此今天正是各位一生之計的關鍵。在這重要的關鍵時期，大家都要具有「舍我其誰」的英雄氣概。古語說的好：「自古英雄出少年。」所以各位同學應該就在此時，慨然立志，以天下為己任。

不過，今天的英雄事業，不再是個人英雄主義，更不是追求個人的功名利祿，而是應該以國家民族的利益為重，追求整個國家和民眾的福利。目前在我們的國家建設中，已有無數的無名英雄在默默耕耘，可敬可佩。今後國家需要更多的革命青年積極參與，共襄中興大業，所以今天我要特別勉勵大家——永保一顆「英雄的心」！

什麼叫做「英雄的心」呢？

——英雄的心就是救國救民的心，也就是心胸遠大，一切為國為民，犧牲奉獻，在所不辭，永遠實事求是，絕無僥倖之心。

——英雄的心就是不屈服的心，也就是心志堅毅，敢作敢為，愈艱難而愈奮發，堅持正義，百折不撓，永遠樂觀奮鬥，絕不灰心！

——英雄的心就是相知相惜的心，也就是器識恢宏，合群樂群，處逆境而能相互扶持，休戚相關，永遠親愛精誠，絕無私心。

本人深信，經過成功嶺的訓練，各位必能更深切的認識個人生命與群體生命的意義，而能把握自己一生中的這一關鍵時期，立大志，發大願，充實自己，磨鍊自己，去做一個有擔當、有作為、頂天立地的大丈夫，共同為我們的國家開創一個充滿成就、充滿進步、光明燦爛的時代。

親愛的青年同學們！一部中國近代史，就是充滿了無數血淚的光榮奮鬥史。現在進入建國七十年代，我們愈要體認，大時代需要我們，民族魂更在召喚我們，只要我們人人都有開拓時代的抱負，人人都有重光大陸的壯志，團結奮鬥，勇往直前，那麼七十年代便就是重光大陸的年代！

祝大家學業進步、身體健康、精神愉快！謝謝大家！

2 月 15 日　星期日

上午

十時二十五分，巡視宜蘭縣員山鄉公所，聽取縣長游叡星報告基層建設情形，並詢問鄉民生活狀況。

十時四十二分，至員山鄉湖西村桶柑專業區巡視，並訪問柑農陳天樞一家，對柑桔生產情形，垂詢甚詳，曾向其八十一歲的老母賀年。

十一時，到達大湖遊樂區，受到遊客們熱烈歡迎。總統也祝賀他們新春快樂。有年僅六歲的施怡菁小妹妹向總統說「恭喜發財」，總統告訴她說：「總統是不能發財的！總統要全國民眾都發財。」施小妹妹立即改口「恭祝總統健康」，總統愉快的回答：「這個可以接受。」於是周圍的民眾都笑了。隨後，並巡視了大湖路邊農會興建情形。

十一時二十五分，至員山榮民醫院，慰問住院榮民。

中午

十二時十一分，至蘇澳鎮公所，參觀其便民服務中心，聽取鎮長王秋郎的簡報，曾頻頻垂詢農、漁民之生活狀況。

十二時三十三分，訪問南方澳，並至金寶海鮮店進午餐。

下午

一時十七分，乘車巡視了五結鄉龍德工業區。路經大眾村一〇八號時，曾下車訪問周建明農家。然後前往視察新蘭陽大橋工程，慰勉施工人員。

二時十七分，巡視壯圍鄉公所，聽取鄉長曾來福的簡報後，曾到街上訪問民眾與商店。

二時三十七分，至該鄉功勞村，參觀由楊正宏經營的福昌養豬場，垂詢毛豬經營情形。

三時〇五分，至宜蘭縣長李鳳鳴之寓所，休息約十分鐘，然後乘機返北。

四時〇三分，在松山基地貴賓室，見孫院長運璿。

2月16日　星期一

今日在府先後見錢次長復、張副秘書長祖詒、馬秘書長紀壯、黃院長少谷。

2月17日　星期二

上午

十時，主持軍事會談。

今日在府先後見宋局長楚瑜、沈秘書長昌煥、汪顧問道淵、張副秘書長祖詒。

2月18日 星期三

上午

九時，主持中常會。聽取人事行政局局長陳桂華報告「當前政府用人的做法」後，提示全黨同志，今後要有效的發掘人才，積極的獎進人才，靈活的運用人才，計畫的儲備人才。又特別談到多年來訪問地方和農村，深覺地方公務人員的素質，日在提高，今後對他們應有多方的獎進。並且強調貫徹考試制度和靈活人事政策的重要，特別提示從政同志，對此應詳加研究改進，以期廣延人才，培育人才，達成有效用人的目標。會後，接見日本船舶工業振興會會長笹川良一。

十一時二十五分，由李登輝市長陪同，至龍山寺訪問，除欣賞各種多采多姿的精製花燈外，並與前往觀燈的市民握手問好，祝福大家平安快樂。

下午

四時，在府接見沙烏地阿拉伯王國警察總監阿爾謝赫上將。

四時三十分起，先後見駐巴拿馬大使曾憲揆、俞總裁國華。

五時五十五分，至三軍總醫院探視高部長魁元。

2月19日　星期四

今日在府分別見朱部長撫松、宋總長長志、馬秘書長紀壯、秦主任委員孝儀。

2月20日　星期五

下午

四時，見秦主任委員孝儀。

四時三十分，見前美軍太平洋總司令魏斯納上將夫婦。

五時起，集體見軍方調職人員周漢傑中將等十人。

五時三十分，見國科會主任委員徐賢修。

六時，見朱部長撫松。

2月21日　星期六

上午

十時三十分，見倪院長文亞。

十一時，見北美事務協調委員會駐美代表夏功權。

2月22日　星期日

上午

八時五十二分，乘機飛往嘉義水上機場。

十時十八分，蒞臨臺南縣政府，聽取縣長楊寶發的春耕工作報告，並詢問一期稻作插秧及灌溉水量運用情形，希望農友們配合政府節約用水措施，有效的運用水資源，度過乾旱難關。

十時四十五分，至南新國中，參觀臺灣省農業展覽會，受到數以萬計的民眾歡呼問好。曾以較長時間詳細參觀每一個展出館，及聽取臺南縣農業局局長謝振芳的扼要說明。總統對甘蔗、玉米等多角經營的新技術，很表欣慰。希望由於此次展覽，能使民眾了解農業的豐碩成果，同時更藉農業展覽來推動各項新耕作方法及推廣新品種。

十一時三十四分，抵達嘉義縣政府，聽取縣長涂德錡等簡報，以了解嘉南地區農作物灌溉情形。對有關人員因缺水而作的各項應變措施，表示欣慰。

中午

十二時二十五分，至嘉義市光華路陳故縣長嘉雄的寓所，慰問其家屬。

十二時四十四分，參觀太保鄉的牛將軍廟（原名五聖恩主廟），並在廟內用午餐。

下午

一時十七分，參觀新港奉天宮媽祖廟。

一時四十五分，至雲林縣之北港朝天宮媽祖廟，受到萬千善男信女和觀賞花燈的民眾熱烈歡迎，總統亦頻頻揮手致意，並祝福大家。在巡視中，曾向雲林縣縣長林恆生詢問該縣第一期稻作插秧情形，及朝天宮綜合醫院的工程進度，並聽取其報告。

二時三十分，自嘉義水上機場乘機返北。

2月23日　星期一

上午

九時四十八分，至圓山飯店理髮。

在府見馬秘書長紀壯。

下午

三時四十分，至天母訪晤陳資政立夫於其寓所。

在府見國防部鄭副部長為元。

2月24日　星期二

下午

四時起，分別見新任國家科學委員會主任委員張明哲、國立臺灣工業技術學院院長毛高文、臺糖公司董事長張憲秋、北美事務協調委員會主任委員蔡維屏、俞總裁國華、馬秘書長紀壯。

2月25日　星期三

上午

九時，主持中常會。聽取大陸工作會主任白萬祥之當前大陸匪情報告。

十時三十分，見蔣秘書長彥士。

十一時，在府接見宏都拉斯共和國國防暨公安部長福羅雷斯夫婦。

十一時三十分，聽取「中央政府總預算案」簡報。

下午

五時十分，見馬秘書長紀壯。

六時四十四分，至桃園中正機場，歡迎新加坡總理李光耀夫婦。

八時十分，陪李光耀總理夫婦至圓山飯店十二樓下榻處後離去。

今日電賀全斗煥將軍當選大韓民國大統領，並特派孫運璿為中華民國慶賀大韓民國大統領就職典禮特使。（特使團其他團員為外交部長朱撫松、副參謀總長馬安瀾、駐韓大使丁懋時、中華民國工商協進會理事長辜振甫）

2月26日　星期四

下午

八時四十分，在臺北賓館接見新加坡總理李光耀夫婦，隨後並以晚宴款待。

2月27日　星期五

上午

十時，在府舉行國父紀念月會暨新任考試院秘書長劉先雲、考選部政務次長傅宗懋、駐馬拉威大使馮耀曾、駐東加王國大使兼駐吐瓦魯國大使錢愛虔等宣誓典禮，由總統主持並監誓。經濟部部長張光世在會中報告經濟情勢。月會前，曾見空軍總司令烏鉞、宋局長楚瑜。

十一時，集體見蔣秘書長彥士、吳副秘書長俊才、梁主任孝煌。

下午

四時三十分起，分別見蔣秘書長彥士、馬秘書長紀壯、美國人韓納福、沈秘書長昌煥。

2月28日　星期六

上午

八時四十二分，與李光耀總理夫婦乘專機飛往金門。

十時三十七分起，先後巡視莒光樓、古寧頭、花崗石醫院、馬山（並觀測對岸）、民俗村及金門陶瓷廠等處，至下午四時四十三分止。

下午

四時五十五分，由金門乘機返北。

3月1日　星期日

上午

八時五十七分，至圓山飯店接新加坡總理李光耀夫婦赴桃園。

九時四十分，在桃園中正機場歡送李光耀夫婦離華。

下午

五時，在大直寓所見蔣秘書長彥士。

3月2日　星期一

上午

十時四十分，至圓山飯店理髮。

中午

十二時，見馬秘書長紀壯。

下午

五時起，先後見馬秘書長紀壯、秦主任委員孝儀、蔣秘書長彥士、宋總長長志、張副秘書長祖詒。

3月3日　星期二

上午

九時三十分，在府接見印尼工業部部長蘇厚德、小型工業署署長吉托索喬、工業發展局局長蘇哈托諾等三人。

十時，主持軍事會談。

下午

五時起，先後見沈秘書長昌煥、秦主任委員孝儀。

3月4日　星期三

上午

九時，主持中常會。

十時三十分起，在府先後見張副秘書長祖詒、馬秘書長紀壯、沈秘書長昌煥。

3月5日　星期四

下午

四時五十分起，在府分別見蔣秘書長彥士、馬秘書長紀壯、孫院長運璿。

3月6日　星期五

上午

十一時十二分，在大直寓所見蔣秘書長彥士。

3月7日　星期六

上午

十時四十分起，在府先後見張副秘書長祖詒、宋總長長志。

3月8日　星期日

下午

四時四十五分，在大直寓所見蔣秘書長彥士。

今日上午，新竹附近發生傷亡慘重的鐵路大車禍，總統聞訊至表重視，曾以電話向鐵路局局長董萍垂詢車禍發生經過，以及辦理善後情形；並指示從優處理善後事宜。

3月9日　星期一

上午

十時，在府主持國家安全會議，討論行政院擬送的「七十一年度各級政府收支概況及中央政府總預算案歲入歲出核計情形報告」，並指示：今後支出部份，必須力求節省，進一步研究如何撙節各單位開支；對於收入方面，要注意逃稅漏稅及其他不法行為，如有發現，應嚴加取締，以增加稅課收入。

另見馬秘書長紀壯、孫院長運璿。

下午

四時三十分起，先後見張副秘書長祖詒、蔣秘書長彥士、馬秘書長紀壯。

國家安全會議裁示

一、七十一年度中央政府總預算之籌編，歲入之核計較前更為覈實，歲出之分配，以國防、外交支出居首位，經濟及交通建設支出次之，社會福利支出又次之。教育科學文化支出居第四；但以教育科學文化支出增加之比例為最大，凡此，均為因應當前國家情勢所必需，允屬妥切，希即以所報核計情形為基礎，編製中央政府總預算案。

二、七十一年度各級政府預算收支，係依修正後之財政收支劃分法核計，顯示基層自治財政，已獲改善；惟國家整體可用之資源，仍屬相同，直轄市及各縣市政府收入雖有增益，但中央及省之收入則相對減少，各類建設如何加強整體規劃，把握優先次序，避免重複浪費應切實研究辦理

三、七十一年度政府預算收支規模，雖配合總資源供需所顯示之趨勢，已有所減縮，惟盱衡未來國際經濟情勢對我衝擊可能仍大，政府各部門必須密切注意，慎謀因應，關於預算之執行，尤應共體時艱，力求節省，其對能源之節約，亦應由主管機關澈底研究，加強實施。

四、本日與會人員發表之意見，請行政院研參辦理。

3月10日　星期二

上午

十時二十二分，至圓山飯店理髮。

十時五十七分，至中央黨部，見蔣秘書長彥士。

下午

四時十五分起，先後見李市長登輝、魏顧問景蒙、蔣秘書長彥士、馬秘書長紀壯、宋局長楚瑜。

3月11日　星期三

上午

八時四十三分起，在中央黨部見嚴前總統、孫院長運璿、黃院長少谷、余院長俊賢及中央政策委員會趙秘書長自齊。

九時，主持中常會。通過由主席提名之余俊賢為監察院院長候選人，黃尊秋為監察院副院長候選人。

下午

四時，在府接見哥斯大黎加總統府部長柯德若。

四時三十分，接見巴拉圭海軍總司令柯特斯中將夫婦（其女公子隨同晉見）。

五時，接見沙烏地阿拉伯利雅德大學校長涂爾吉、副校長阿特爾等二人。

五時十八分起，先後見秦主任委員孝儀、俞總裁國華、張副秘書長祖詒。

3月12日　星期四

上午

八時，至陽明山新闢的杜鵑、茶花園，親植龍柏一株，以紀念國父逝世五十六週年暨建國七十年植樹節。對該園百花盛開，景色如畫，十分讚賞，並在園內繞行一週後離去。

九時三十分起，在府見汪顧問道淵、馬秘書長紀壯、趙主任委員聚鈺。

十時三十分起，分四批見軍方調職人員常持琇中將等四十一人。

3 月 13 日　星期五

上午

九時四十五分，至中央黨部，先後見國防部總政戰部王主任昇、監察委員黃尊秋、李存敬、前臺灣省衛生處處長許子秋及秦主任委員孝儀。

十一時三十六分，至新店探視高部長魁元於其寓所。

下午

三時三十分起，先後見秦主任委員孝儀、馬秘書長紀壯、張副秘書長祖詒、沈秘書長昌煥。

3 月 14 日　星期六

上午

十時四十八分，至新店訪問于豪章將軍於其寓所。

十一時十四分，至圓山飯店理髮。

3 月 15 日　星期日

下午

五時，在大直寓所見蔣秘書長彥士。

3 月 16 日　星期一

下午

在府先後見蔣秘書長彥士、張副秘書長祖詒、馬秘書長紀壯。

3 月 17 日　星期二

上午

九時二十五分，見宋總長長志。

十時，主持軍事會談。會談後，見郝總司令柏村、馬秘書長紀壯。

下午

見沈秘書長昌煥、馬秘書長紀壯、蔣秘書長彥士。

晚

九時，在大直寓所見宋主任委員時選。

中央委員會秘書長蔣彥士，今在記者會中列舉主席對召開十二全大會的三項重要指示：

——確實開好這次全國代表大會，對所提各種議題，必須詳予研究，集思廣益，然後提報大會。

——對年長的先進同志，要特別尊重，先進同志可以把豐富經驗傳給後進，使大會在和諧團結的氣氛中進行。

——審查會應作妥善的安排，使參加的同志有充分發言討論的時間。

3 月 18 日　星期三

上午

八時四十分，在中央黨部見孫院長運璿。

九時，主持中常會。

會後，分別見袁常委守謙、倪院長文亞。

十一時五十分，至天母何一級上將應欽寓所，祝賀其九二壽辰。

下午

四時〇五分起，先後見宋總長長志、旅美僑領梁聲泰、魏顧問景蒙。

五時，接見美國自由作家麥克雪莉女士。

五時二十一分，至大會客室觀看蔣公交由本府機要室保管及新近裝裱完成之書畫一批與緙絲繡像二幀，並指示「妥為保存」。

五時三十分，見馬秘書長紀壯。

3 月 19 日　星期四

上午

特派馬秘書長紀壯前往監察院，向當選連任之監察院長余俊賢及新當選副院長之黃尊秋，表示道賀之意。

十一時三十五分，在中央黨部見蔣秘書長彥士。

下午

在府見馬秘書長紀壯、張副秘書長祖詒。

3 月 20 日　星期五

上午

十時，主持國父紀念月會，行政院政務委員李國鼎在會中作科學技術發展報告。

3 月 21 日　星期六

上午

在府見馬秘書長紀壯、沈秘書長昌煥。

下午

四時二十五分，在大直寓所見孫院長運璿。

七時，在陽明山文錦莊，為孫女公子友梅舉行二十歲生日晚宴。

3 月 22 日　星期日

下午

四時四十五分，在大直寓所見蔣秘書長彥士。

3 月 23 日　星期一

上午

十時二十三分，至圓山飯店理髮。

十一時二十一分起，在府先後見馬秘書長紀壯、蔣秘書長彥士。

下午

五時，見新當選監察院正、副院長之余俊賢與黃尊秋。

五時十一分，見臺灣省政府財政廳長徐立德。

五時三十四分，接見美籍友人艾立遜夫婦。

六時〇六分，見司法院長黃少谷。

3月24日　星期二

下午

四時二十六分起，在府先後見孫院長運璿、蔣秘書長彥士、馬秘書長紀壯、秦主任委員孝儀。

3月25日　星期三

上午

九時，主持中常會。

會後，在中央黨部分別見林主席洋港、王主任昇、秦主任委員孝儀。

十時四十七分，接見日本前首相岸信介。

十一時二十三分，接見沙烏地阿拉伯內政部調查局長麥斯武德上將。

十一時三十八分，見蔣秘書長彥士。

3月26日至27日　星期四至五

【無記載】

3月28日　星期六

下午

五時，在大直寓所見蔣秘書長彥士。

3月29日　星期日　青年節

總統在致中華民國各界紀念革命先烈暨慶祝七十年青年節大會書面致詞中，勉勵全國青年，矢志作三民主義的精英，為國家建設打基石，為民族復興打前鋒，使這一代的青年，成為頂天立地不朽的一代。

上午

九時，至圓山忠烈祠，主持中樞紀念革命先烈暨春祭陣亡將士典禮。禮成後，並慰問了在場的烈士遺族。

九時十二分，至圓山飯店理髮。

十時〇八分，至中山樓，見蔣秘書長彥士。

十時三十分，主持中國國民黨第十二次全國代表大會開會典禮，並致詞期勉全黨同志堅苦卓絕、繼往開來，集合全民智慧力量，貫徹以三民主義統一中國的目標。且一再引述前在國軍軍事會議中的重要講話勗勉全體同志，堅定信念，注意修養，戒除奢惰，研究問題，以底於成功之道。

十一時五十八分，見馬秘書長紀壯、蔣秘書長彥士。

下午

二時三十分，出席第一次大會，聽取黨務工作報告、大陸情勢與大陸工作報告，以及對上兩項報告之討論。

六時十五分，見黃院長少谷。

中華民國各界紀念革命先烈暨慶祝七十年青年節大會書面賀詞

親愛的青年朋友：

今天是中華民國建國七十年的青年節。七十年前中國青年犧牲奮鬥，創造了建立亞洲第一個民主國家的偉大時代，今天我們要承先啟後，來迎接這中華民國七十年代即是三民主義的勝利年代，所以今年青年節的意義格外重大，經國特此向全國青年敬致誠摯的賀忱。

紀念青年節，最重要的，就是要效法黃花岡七十二烈士的革命精神，這種革命精神在當前所給予我們的偉大啟示，就是堅苦卓絕、繼往開來、精誠團結、奮發圖強。

沒有當年的碧血黃花，就沒有今天的青天白日，所以我們要堅持這種革命精神，奮鬥不渝，自強不息。只要人人追隨著先烈的足跡，克盡後死者的職責，就必能發揚青天白日的光芒，消除大陸共產暴政的黑暗，以三民主義統一全中國！

因此，在這重光大陸的關鍵時刻，讓我們全國青年，不論是在學校讀書、是在社會服務，不論身處什麼崗位、擔任什麼工作，都能矢志做一個三民主義的精兵、統一中國的鬥士，為國家建設打基石，為民族復興打前鋒。堂堂正正，實實在在，樂觀苦幹，邁向成功。

親愛的青年朋友，烈士之血，即主義之花，奮鬥的過程愈是困苦艱難，成功的果實愈是美好芬芳，讓我們勇敢地接受挑戰，不惜任何奉獻，不計任何犧牲，決心在建國七十年代重光大陸，以我們自己的血汗，使我們這一代的青年，成為中華民國歷史上頂天立地不朽的一代！

中國國民黨第十二次全國代表大會開會典禮致詞

各位先生、各位同志：

現在本席宣布本黨第十二次全國代表大會開會。

首先對於來自復興基地各農村、工廠、部隊、學校、各行各業，以及來自全球各地，尤其千辛萬苦、冒險犯難，來自大陸的代表們，致敬赤誠的、熱烈的革命敬意。

這次大會定在中華民國建國七十年的青年節舉行，具有深長意義。中國國民黨歷經八十多年的奮鬥，衝破無數障礙，克服無數難關，為國家的獨立，為民族的自由，始終堅持目標，嚴守立場，且能在艱彌厲，歷久彌新，所憑藉的就是像黃花岡七十二烈士殉國那樣的革命精神，拋頭顱，灑熱血，屢仆屢起，勇往直前，才足以堅貞如石，屹立如山，非任何形勢所可劫，非任何壓力所可屈。我們在此集會，緬懷先烈壯事，同感無上光榮，也同增繼往開來、完成時代使命的責任感。

本次大會的主題，在於肯定建國七十年代乃是三民主義勝利的年代、是重光大陸的年代。因之大會的各個研究議題，都是環繞以三民主義統一中國為中心，深望全體代表同志，發揮集體智慧，貫徹共同目標。

本次大會的主題，在於肯定建國七十年代乃是三民主義勝利的年代，是重光大陸的年代。因之大會的各個研究議題，都是環繞以三民主義統一中國為中心，深望全體代表同志，發揮集體智慧，貫徹共同目標。

這一次代表大會，在舉行以前曾經向國內的全黨黨員、社會的愛國人士、大陸的地下工作同志，以及僑居海外的同志，徵求對本大會的意見，先後收到無數的函件，單是國內教授、專家發表意見的，亦有九千多位，足以證明大家對本次大會的關切以及對本黨的向心力。

這一次本席在開幕詞所要講的話，以「堅苦卓絕、繼往開來」為題，是根據本黨的政綱、政策，目前的革命形勢，以及大家的意見所寫成的。一共分為四段：

崇高的志願，偉大的抱負

（一）

經國時常閱讀本黨總理和總裁的文獻，重溫遺訓，深深體會到創業之艱，建國之難，若非總理和總裁偉大的人格、開闊的胸襟，高瞻遠矚，實在成功不易。也深深覺得，本黨的榮辱和國家的興亡結為一體，黨與國家的命運實在同一歸趨而不可分的。尤其時時縈繞腦際的，是總理和總裁畢生獻身革命，「只見主義、不見生死」那種堅苦卓絕的志節，實是本黨黨魂之所自、精神之所繫！

近百年來，我們國家遭遇內憂外患，國步顛躓。總理先知先覺，領導國民革命，雖一次又一次的挫折，但也一次比一次的奮勇，終於辛亥成功，締造了民國，並且手創三民主義為立國的大本。總裁繼志承烈，為了內除國賊、外抗強權。也是一次又一次的受挫，但也同樣一次又一次的愈挫愈奮，完成了統一，贏得了抗戰勝利，制定憲法，實施憲政，確保了國家的獨立，維護了民族的自尊。

（二）

回顧本黨八十多年的歷史，一切的努力，就是總理遺囑中所說：「在求中國之自由平等。」同志們的犧牲奮鬥，從不為一黨之私，更不為個人之利。大家心中只有一個志願：獻身三民主義；只有一個抱負：以國家興亡為己任。

在此我要引述總理和總裁的幾段話：

——民國元年總理就任臨時大總統宣言：從事於革命者，皆以誠摯純潔之精神，戰勝所遇之艱難。即使後此之艱難遠逾於前日，而吾人惟保此革命之精神，一往而莫之能阻，必使中華民國之基礎確立於大地。

——民國十三年，總理在本黨第一次全國代表大會開幕時勉勵黨員說：黨用了三十年工夫，流了許多熱烈的心血，犧牲了無數聰明才力，推翻滿清，但還是繼續要把自己的聰明才力貢獻出來，組成一個有力量有具體的政黨，用政黨的力量去改造國家。

——民國十五年，總裁在北伐誓師時講話：只有竭盡個人力量，負擔起來，以生命交給黨，交給國民政府，交給國民革命各位將士，鞠躬盡瘁，死而後已，才對得住國家，對得住人民。

——民國二十二年，總裁對第九師官兵講話：我們這次剿匪戡亂，就是抗日禦侮的初步，如果剿匪不能成功，抗日就沒有基礎。

——民國二十六年，總裁在七七事變發生後立即宣示：最後關頭一到，我們只有犧牲到底，抗戰到底，唯有犧牲到底的決心，才能博得最後勝利。

——民國三十四年，總裁向全國軍民和全世界人士宣布抗戰勝利時，起首就說：我們的抗戰今天是勝利了，「正義必然勝過強權」的真理，終於得到了最後的證明，這亦就是表示了我們國民革命歷史使命的成功。我們中國在黑暗和絕望時期中，八年奮鬥的信念，今天才得到了實現。

——民國三十五年，總裁在制憲國民大會開幕致詞：我對於結束訓政，實施憲政，以完成建國大業的希望，在此三十年之間，是沒有一時一刻忘懷的。我們革命建國的奮鬥，是為國為民，是要實現三民主義和五權憲法的民主政治，這是我們革命的最後目標。

（三）

前面所引的幾節話，只是本黨歷史中開國、北伐、剿匪、抗戰、行憲的幾個階段，但已充份表達了本黨領袖和全黨同志一貫為國為民、犧牲奉獻的革命情操，尤其每在國家遭到危難的重要關頭，就必煥發當仁不讓、舍我其誰的道德勇氣，負起救亡圖存的大責重任，奉主義為南針，完成時代的革命使命。

如今共匪竊據大陸三十一年，對國家為禍之深，對民族為害之烈，史未前有。現階段我們所擔當的，就是早日剷除竊據大陸的匪偽政權，消滅共產邪惡，出同胞於水深火熱之中，繼北伐統一之後，再一次以三民主義統一中國，全面實現民主憲政，這無疑的也就是本黨國民革命所要完成的最後一個任務。

記取教訓，把握方向

（一）

以往，總裁常常提示：「力量是主觀的，操之在我；形勢是客觀的，成之於人。故制敵在我，不責於人。」所以要瞭解客觀的形勢，培養主觀的力量，使客觀形勢與主觀條件相連繫，才能因勢利導，克敵致勝。

回溯第二次世界大戰以來，同盟國家受了蘇俄策略的愚弄，半個世紀的國際政治，幾乎一直都被一些帶有

「左傾」色彩的思想所誤導，形成一股姑息主義的逆流，鬆懈了自由世界的合作團結，於是共黨集團赤化世界的野心得到鼓勵，中國大陸因之沉淪，共黨侵略也隨之大為擴張，把世局攪得一片混沌，是非不清，甚至敵友不分。縱然共黨陣營也鬧分裂，但共產主義企圖征服世界、毀滅民主自由的長期目標仍然一致，這是必須記取的歷史教訓。

直到今日，國際情勢雖然錯綜複雜，但歸根結底，仍是民主自由與共產極權的對抗搏鬥。不過，現在可以證實和斷言，所有共產極權統治下的地區，都解決不了人民的生活問題，共產主義的潮流已經走向沒落之路，而且註定澈底失敗。自由世界鑑於過去「偏左」路線的差誤，也有轉向跡象，而正開始產生激濁揚清的作用，這是當前有利我們革命形勢的時機。但關鍵還在能否記取痛苦的歷史教訓，以往共黨的崛起，只是自由世界的錯誤和示弱使它坐大，今後共黨的崩潰，也不能聽任其自然消滅，仍必須以力量圍堵，直至加以完全摧毀為止。

（二）

共黨世界是一定崩潰的，而且必定先從中共匪幫開始，這不單因為共產制度本身的反理性、反人性，更因為它是徹頭徹尾背叛中國文化，完全違離中國道統，絕不能為中國人所接受。

三十一年來鐵的事實證明，共匪種種倒行逆施的結果，把整個中國大陸弄得暗無天日。三十一年馬列主義的實驗，得到的是政治腐敗、經濟衰退、社會混亂、教育殘破，中國大陸的赤化，使中國人民都成了赤貧，共產主義已經走到了死巷的盡頭。如今大陸同胞個個掙扎在恐怖、貧困之中，求生不能，求死不得，中國人民何嘗受過如此煎熬。而匪黨頭目依舊還在不斷的奪權，不停的鬥爭，完全置人民死活於不顧，所謂「四個現代化」，拆穿了根本是一派謊言，這個樣子的暴虐政權還能撐得下去嗎？

大陸同胞現已不再容忍共黨的殘酷統治了，紛紛起而發出怒吼，唾棄共產主義，否定共產制度，要爭自由、爭民主、爭生存，要活得像人，不要像牛馬，更要回復成為本來的中國人，要和海峽這邊一樣的中國人過一樣的生活。這一股反暴政、反奴役的巨流，絕不是匪酋們玩弄任何手法所能遏阻得了的。所以所謂「中國問題」，很清楚，很簡單，由中國人自己來解決，以三民主義來統一中國，回復中國成為本來愛和平、愛自由的中國，消滅共產主義，亞洲便可永遠不虞再有禍根亂源。

（三）

其實，今天把中國同胞分隔兩邊的，不是臺灣海峽，而是三民主義仁政與共產主義暴政兩種截然不同的制度。在同樣的三十一年中，我們在這復興基地，實踐三民主義，發揚中華文化，力行民主憲政，繁榮國民經濟，因之，家家豐衣足食，人人安居樂業，樹立了一個和諧的、開放的、進步的社會模式，不但適合中國人的生活需要，符合中國人的文化精神，也給中國人開拓了希望的道路，為中國前途描繪出一幅光明的遠景。

與隔海共黨大陸的黑暗相對比，證實了本黨革命宗旨與途徑的正確性，更肯定了以三民主義統一中國的必然性。

當前，我們所要強調的：

不是我們能不能贏得與共匪的這場生死戰鬥，因為優勝劣敗已在所有中國人的心目中有了判斷；

也不是能不能突破國際形勢所予我們的衝擊，因為無人能夠忽視臺灣海峽在國際戰略上的重要性；

而是大家必須提高警覺，不斷惕勵，切實把握自我，同心同德，充實主觀力量，繼續奮鬥，爭取勝利！

所以我們要特別謹記總裁在六十年十一月十日親自主持中常會的指示：「外在的形勢，成之在人，不必過份重視，最重要者，乃在如何充實力量，守經應變，進而開創反攻復國的新生新運。」

認定目標，嚴守立場

（一）

一部國民革命史告訴我們：愈是接近最後的勝利，環境可能愈為困難險惡，戰鬥也將愈為艱辛。因之，在奮進的道路上，我們必須堅忍自立，莊敬自強，認定目標，守定立場，以不奪不搖的意志，警覺一切誘惑，拒絕一切試探。

經驗也告訴我們：共匪到了窮途末路的時刻，一定會不擇手段，無所不用其極，除了積極滲透、顛覆，企圖擾亂我們的安定之外，勢必大要花招，鼓吹和談，甚至張牙舞爪，用武力相威嚇。一切陰謀詭計，無不是偽裝和平，實則是處心積慮，妄想消滅中華民國。因為共匪深知，只要有中華民國的存在，它的潰亡，或遲或速，不過是時間問題而已。

今年一月十二日，經國已經把國家的基本立場，作了清楚確切的說明：我們決定不與共匪談判，亦不與匪通商、通郵、通航，更不畏懼共匪使用武力，我們唯有增強自己力量，確保臺海安全，並且確認推翻共匪暴政的主要力量在於中國人的民心，也唯有摧毀大陸共產暴政，中國問題才能得到真正解決。

今天經國特再重申：

為了保全我們國家民族的萬代生機，反共復國的基本國策決不改變。

為了維護我們立國的根本，中華民國憲法所定的國體決不改變。

為求中國的長治久安，確保所有中國人的自由幸福，也是為了世界的永久和平，貫徹以三民主義統一中國的目標決不改變。

（二）

同時，我們還要堅決表示，反共就是反共，沒有選擇，沒有投機取巧，所以我們決無利用蘇俄來牽制中共的考慮，同樣反對任何「聯匪制俄」的幻想，因為匪俄埋葬自由世界的目標一致，敵人的敵人不一定就是朋友。我們所受共黨毒害最深，深知共黨慣用聯合次要敵人來打擊主要敵人的戰術，但今天的次要敵人，明天也許就會倒轉過來變成他所要打擊的主要敵人，這是必須認清的共黨本質，也是所以反共不能妥協，反共必須嚴敵友之分的道理。

更進一步來說，共黨統治下的中國與蘇俄，是一丘之貉，唯有統一在三民主義下的中國，成為民主、自由、富強之後的中國，沒有共產主義的中國，那才是真正足以抵制俄共的力量，才是自由世界安定的基石。

我們立場鮮明，信心堅定，眼光看得很遠，所以我們決策不帶一點含混，慎謀能斷之後，就沒有絲毫猶豫之可言。共匪禍國殃民，並非本黨一黨之敵，而是全體國民的公敵，反共復國也是全體國民的共同事業。本黨歷史已與國家結合為一，本黨唯有結合全民，重光大陸，重整河山，方能無負於總理、總裁的遺命，無負於全民的付託。

精誠團結，完成使命

（一）

復興基地三民主義建設的經驗與成果，不但鼓舞了大陸同胞奮鬥的希望與勇氣，也給所有中國人有了選擇的啟示，那就是這些實證經驗，完全切合中國社會未來發展的需要，而共產主義絕不可能。因之，以三民主義來統一中國，是使中國成為和平、自由的現代化國家唯一可行的道路，我們必須奠定更深更厚的基礎，作好重光大陸的準備。

七十年代中華民國在復興基地整體建設的構想，經國在本黨十一屆四中全會的講話中，已經提出了具體的指標，現在正由各部門的從政主管同志分別擬定實施計畫，全力執行。概括的說，我們國家建設的方向：

強化國防力量，達成國軍現代化目標，確保基地安全，隨時為光復大陸行動待命。

貫徹民主憲政，厲行法治，確實做到人民有權，政府有能。

全力推動經濟發展，繼續在穩定中求成長，提高國民所得，實現均富理想。

加強社會福利，擴大地方基層建設，使全民生活過得更幸福、更和諧。

促使文教建設與科技發展，發揚民族精神，提振國民道德，激勵創造智能，適應時代要求。

但最重要的任務，是要把三民主義的思想重新在大陸播種，把三民主義建設的實證經驗推向大陸，使大陸同胞人心一齊回歸三民主義，讓三民主義在大陸放射光華，加速共產制度的全面瓦解，實現民國七十年代成為三民主義勝利的年代！

（二）

今後的重點，在於我們的作法。這個作法，最簡單也最根本的一個要領，就是必須永遠和民眾在一起。

大家都知道，今天民眾最需要的、也最珍視的是：

國家的尊榮——我們必以全力維護中華民國主權的完整，鞏固國家安全，一本自立自強精神，積極建設，厚植國力，增進國際關係，升高國家地位。

政治的修明——我們必以開誠布公的胸懷，尊重民權，擴大參與，在法治的架構和規範中，確立安定的民主體制，增進全民對這體制的向心力。

社會的安寧——我們必以民族文化的傳統倫理道德為基礎，力行勤儉建國，實踐國民新生活，消除暴戾與奢靡，確保理性社會的祥和與秩序。

經濟的繁榮——我們必以民生主義為指針，促進國民經濟的繼續健全發展，提高國民生活素質，謀求國民的最大福利。

這些都是今天復興基地所已擁有，並且早為大家所接受的具體事實。不過為使整體建設更加落實，今後的作為，必將盡力做到：

為全民服務，更重視基層大眾的需要；

普遍改善民眾生活，更將特別照顧低所得者；

推動國家建設，同時積極幫助地方的發展；

厲行廉能政治，並更注意行政效率的提高；

國是取決於多數民意，也尊重少數的意見。

（三）

人類思潮不停的在進展，時代潮流也在不停的向前推移，這是人類社會進步的原動力。

綜觀近代思想主流，唯有三民主義博大精深，天下為公，既不偏左，亦不偏右，真正為人類指出了一個新的方向，進世界於和平大同。也唯有三民主義，才能掌握「歷史之舵」，撥亂反正，無任何力量可與對抗。所以不但今天可以看出，二十世紀乃是三民主義的世紀，今後的世界也必將是三民主義光輝照耀的世界！

中國國民黨以三民主義領導思想，以三民主義支持行動，一貫是我們致力國民革命的最高準則。因之，我們不僅能夠接受時代的考驗，而且能夠導引時代，承擔時代的責任和使命。

在當前的時代要求下，全黨同志的觀念和意志、黨的組織和黨的工作方法，都必須從大處著想，往遠處著眼，不斷求新求進，方能順應時勢，進而創造時勢。否則不進則退，退步即是失敗。因為唯有一個合乎時代的政黨，才能領導時代，開創時代。

我們對時代使命，應有共同的認識，那就是：貫徹以三民主義統一中國，不只是中國國民黨一黨的理想，而是中國整個國家的道路；不只是為了今天復興基地民眾的需要，而是為了全體中國同胞未來的福祉；不只是謀求中國一國的自由和平，而是在求全世界的永久和平！

第十二次全國代表大會，就是為了要承擔這一時代的責任和使命，所以要群策群力，籌議方策，發為行動，希望全體同志奉獻經驗智慧，齊心協力，團結奮鬥，實現以三民主義統一中國！

各位先生、各位同志，今天早上春祭國殤，我們默悼先烈，遙念大陸，內心無限沉重。共匪禍國，使大陸同胞受盡暴政折磨，如今匪偽政權日暮途窮，對於所謂「國計民生」一籌莫展，而匪酋還在內鬥不已。如此亂局，我們可以預料，大陸必定會有一日，就像春雷一樣，爆發驚天動地的劇變，而這日子不會太遠。

全黨同志們！重整大陸河山，任重而道遠。我們不能坐觀其變，亟應集合全中國人的智慧與能力，無分畛域，無分黨派，大家敞開心門，肝膽相照，歡迎所有愛國家、愛民族、志同道合的朋友，參加反共復國的偉大行列，贏得最後勝利！

祝大會成功！各位同志身心愉快！謝謝大家！

3 月 30 日　星期一

上午

八時三十五分，到達陽明山中山樓，於開會前巡視了郵政、電信、臺灣銀行等機構設在陽明山中山樓的服務臺，並慰勉服務工作人員。

九時，與出席全會同志恭聆總裁訓話遺音。

九時三十分，出席全會第二次大會，聽取五院從政主管同志工作報告及討論。

下午

二時三十分，出席全會第三次大會，聽取軍事、外交報告及討論。

3月31日　星期二

清晨獲悉美國總統雷根於三十日下午遭狙擊受傷後，立即去電慰問。其電文如次：

「驚悉週一午後遇刺，至深關懷。此一野蠻暴行，使整個文明世界共感憤慨，並同聲譴責。內子及本人暨中華民國全體國民，敬祝閣下早日康復。」

上午

九時，至中山樓與全會出席同志恭聆讀訓。（全會今日上、下午均為審查會）

下午

五時三十分，在大直寓所見駐教廷大使周書楷。

4月1日　星期三

上午

八時二十五分，在中山樓貴賓室先後見蔣秘書長彥士、馬秘書長紀壯。

九時，與全體出席同志恭聆讀訓。

九時三十分，出席全會第四次大會，討論「本黨黨章修訂案」。

下午

二時十分，特別與出席全會的知識青年黨部學生代表合影留念；並對他們的良好表現，表示嘉勉。

二時三十分，出席全會第五次大會，討論「社會經濟建設案」。

六時〇九分，由謝副總統陪同，與基層代表共進晚餐。

七時，觀賞同樂晚會「金門之夜」（由金門文化訪問團演出）。

4月2日　星期四

上午

八時二十分，在中山樓見蔣秘書長彥士。

九時，與全體出席同志恭聆讀訓。

九時三十分，全會舉行第六次大會，由主席團主席嚴家淦主持，進行選舉本黨主席。先經主席團提議大會，選舉蔣經國同志繼續擔任中國國民黨主席及嚴家淦同志作提案說明後，並徵得大會通過以起立方式進行表決，用昭慎重。結果全體九百八十三位出席代表都起立熱烈鼓掌，選舉蔣主席連任；接著全體列席人員也起立鼓掌，顯示出全黨同志的精誠團結，一致擁戴。

大會並推定主席團及中央評議委員主席團為代表，於十時十分至三樓圓廳，致送主席當選證書。在典禮中，由大會主席團主席嚴家淦同志致祝詞後，即將主席當選證書致送蔣主席。主席於接受當選證書後，亦致答詞表示，決盡心致力，益勵忠忱，早日完成反共復國大業，以慰海內外同胞之喁望。

十時四十五分，主席進入會場出席大會時，全體與會同志都起立鼓掌，熱烈昂揚，歷久不息。隨後大會即進行「本黨政綱案」之討論。

下午

二時三十分，出席全會第七次大會，討論「貫徹以三民主義統一中國案」。

曾數度見蔣秘書長彥士，並於會後見張資政寶樹。

經中國國民黨第十二次全國代表大會推選連任黨主席答詞

經國再度奉大會徵召，鑑於黨國處境之艱，同志付託之重，唯當謹敬接受，不敢言辭。顧自第十一次全國代表大會膺選以來，世局詭譎多變，時勢動盪不已，經國雖無時無刻不為國憂黨責而操危慮患，亦無時無刻不以民富國強而盡心致力，但每感未能多所補益，深自愧疚。今後惟有益勵忠黨之忱，益堅報國之志，鞠躬盡瘁，永不稍渝。

茲於受命之餘，經國所求於全體同志者，厥望大家如兄如弟，如手如足，親愛精誠，團結奮鬥，效法先烈犧牲個人自由、拋棄一己利益之革命精神，人人為民服務，個個為國效命，發揚黨魂黨德，矢勤矢勇，面對總理總裁，面對全國同胞，與經國同為貫徹以三民主義統一中國而努力；尤祈先進同志繼續指引賜教，俾能群策群力，早日完成反共復國大業，以慰海內外同胞之喁望。耿耿此心，至企亮鑒。

4月3日　星期五

上午

八時〇五分，抵中山樓。曾先後見蔣秘書長彥士、宋局長楚瑜。

九時，與全體同志恭聆讀訓。

九時三十分，出席全會第八次大會，先由主席親自主持通過中央評議委員暨評議委員主席團人選案（計通過中央評議委員二百二十七人，主席團主席十六人）；然後照會議程序，討論：

1. 對五院從政主管同志工作報告決議文。
2. 對黨務工作報告決議文。
3. 一般提案。

下午

一時，全會進行第九次大會，選舉第十二屆中央委員。計選出中央委員一百五十人，候補中央委員七十五人。

六時，由蔣秘書長彥士陪同，參觀電腦開票作業中心。

在會場，曾先後見蔣秘書長彥士、秦主任委員孝儀、紀律考核委員會梁主任委員永章、孫院長運璿、宋總長長志、馬秘書長紀壯等。

中央評議委員名單

經蔣中正聘任繼續連任九十二人

蔣宋美齡	張　羣	何應欽	陳立夫	薛　岳	顧祝同
楊亮功	連震東	余井塘	陳大齊	關崇穎	蔡培火
裴鳴宇	王世杰	錢大鈞	黃麟書	陳立矩	苗培成
孫連仲	曾虛白	余漢謀	李樸生	方　治	吳鴻森
吳經熊	黃仁俊	梅友卓	錢用如	王東原	薩孟武
陳啟川	楊繼曾	陶希聖	蔣復璁	黃季陸	張鐵君
譚伯羽	冷　欣	黃仁霖	王星舟	江學珠	李壽雍
董文琦	張慶恩	郭寄嶠	崔載陽	陳雪屏	陳甘亨
胡　軌	陳志明	程滄波	杭立武	楊家瑜	蔣堅忍
林西屏	劉天祿	蕭　錚	蕭贊育	柳克述	黃振華
王叔銘	朱瑞元	滕　傑	王鐵漢	劉　鍇	何世禮
劉安祺	張邦珍	陳質平	黃國書	石　覺	徐煥昇
林　慎	柯俊智	馬星野	劉　泰	周美玉	陳兆瓊
鮑事天	苗興華	張和祥	陳雄飛	朱振元	朱梅彝
羅桑益西	許紹昌	馬呈祥	陳世順	朱撫松	沈　錡
葉幹中	薛毓麒				

蔣經國提請大會通過聘請一百三十五人

孫陳淑英	李雅仙	高廷梓	黃高秀	任卓宣
陳顧遠	徐培根	周紹成	鄧翔宇	周至柔

任覺五	林則彬	張其昀	范苑聲	余凌雲
雷法章	張彝鼎	白如初	黃　杰	陶百川
余俊賢	方　天	葉公超	劉玉章	楊宗培
林蔡素女	胡健中	姚　記	李連春	劉季洪
端木愷	張祥傳	馬國琳	張壽賢	張炎元
倪　超	查良鑑	陳宗熙	石九齡	高　信
唐　縱	王宜聲	朱如松	李繼淵	張宗良
仲肇湘	牛踐初	郭學禮	酆景福	郭登敖
臧元駿	蟺　碩	鍾皎光	徐慶鐘	魏景蒙
谷鳳翔	黃耀錦	陳紀瀅	何　適	徐晴嵐
陸京士	黃　通	周昆田	賴順生	許金德
姚望深	朱慶堂	林桂圃	周百鍊	莫萱元
馬濟霖	張軍光	沈劍虹	戴炎輝	戴仲玉
劉伯驥	黃天驥	朱家讓	張導民	馬兆奎
張研田	尹　俊	楊家麟	王任遠	張寶樹
林來榮	劉闊才	李白虹	蔡維屏	羅　衡
周慕文	羅友倫	王永樹	羅英德	李　荷
崔垂言	黎玉璽	陳勉修	陳堯聖	陳奉天
沈之岳	馬空羣	程　烈	薛本貴	林　棟
羅雲平	陳建中	沈其昌	吳笑安	馮啟聰
葉霞翟	劉廣凱	張芳燮	崔之道	李　廉
黃衛青	陳惠夫	烏　鉞	蕭繼宗	陳廣深
趙　珮	韓忠謨	林永樑	余夢燕	司徒福
蔣緯國	張國英	沈家銘	翁　鈐	周中峯
洪　萬	于豪章	吳化鵬	陳奇祿	杜椿蓀

中央評議委員主席團名單

蔣宋美齡	張　羣	何應欽	陳立夫
薛　岳	顧祝同	楊亮功	余俊賢
周至柔	連震東	余井塘	戴炎輝
劉季洪	張其昀	黃　杰	張寶樹

中央委員名單

嚴家淦	孫運璿	谷正綱	黃少谷	謝東閔
蔣彥士	馬紀壯	李國鼎	李　煥	倪文亞
宋長志	趙聚鈺	王惕吾	宋時選	袁守謙
王　昇	吳俊才	李登輝	俞國華	余紀忠
林洋港	沈昌煥	張光世	高魁元	邱創煥
潘振球	張繼正	李元簇	陳履安	秦孝儀
楚崧秋	洪壽南	楊西崑	瞿韶華	錢　復
鄭彥棻	宋楚瑜	曾廣順	朱匯森	汪敬煦
蔡鴻文	徐　亨	白萬祥	李鍾桂	徐　鼒
趙自齊	周應龍	鄭為元	周宏濤	連　戰
賴名湯	梁孝煌	林金生	馬樹禮	辜振甫
阮成章	梁永章	閻振興	曹聖芬	何宜武
周書楷	林挺生	關　中	易勁秋	彭孟緝
嚴孝章	郭　驥	鄧傳楷	陳時英	范魁書
陳守山	鍾時益	陳水逢	王多年	蕭天讚
錢劍秋	馬安瀾	鄒　堅	劉兆田	歐陽勛
阿不都拉	郝柏村	丁懋時	王亞權	薛人仰
黃尊秋	夏功權	毛松年	梁肅戎	梅可望
張希文	夏漢民	魏　鏞	王玉雲	費　驊

陳裕清　謝又華　張希哲　上官業佑　張豐緒
郭為藩　高育仁　唐振楚　許水德　施啟揚
郭　哲　耿修業　王章清　梅長齡　董世芳
吳伯雄　陳桂華　吳延環　張豫生　施金池
崔德禮　柯文福　陳蘭臯　張建邦　王文光
張訓舜　鄭玉麗　汪道淵　廖英鳴　胡新南
楊寶琳　趙耀東　馬克任　梁子衡　張祖詒
趙筱梅　徐立德　許素玉　趙守博　高銘輝
吳寶華　汪彝定　韋永寧　郭婉容　江仕華
劉先雲　余鍾驥　廖祖述　張子揚　蔣廉儒
柯叔寶　喬寶泰　黃昆輝　李志鵬　王　民

中央候補委員名單

黃鏡峯　潘煥昆　胡木蘭　楊舟熹　鄒濟勳
馬鎮方　羅才榮　李連墀　林徵祁　黎世芬
侯彩鳳　唐君鉑　韋德懋　李鳳鳴　孫治平
路國華　林清江　郭南宏　張式琦　曹伯一
陸寒波　李雅樵　朱士烈　林保仁　宋心濂
梁尚勇　胡美璜　邵恩新　陳鳴錚　陳蒼正
朱堅章　許文政　蔣仲苓　李長貴　吳香蘭
楊寶發　許歷農　明　驥　毛高文　林　燈
張甘妹　王先登　鄭心雄　吳水雲　關　鏞
劉磬敵　孫　震　倪文洞　李治民　華　愛
李存敬　蔣聖愛　阮大年　涂德錡　錢　純
王澍霖　陳孟鈴　莊懷義　錢　震　林恆生
薛光祖　劉裕猷　朱集禧　方賢齊　達穆林旺楚克

楊金欉　孫義宣　吳榮興　王甲乙　梁國樹
札奇斯欽　張麟德　張一中　陳正雄　石永貴

4月4日　星期六

上午

八時二十二分起，在中山樓先後見秦主任委員孝儀、蔣秘書長彥士。

九時，恭聆總裁訓話遺音。

九時三十分，出席全會第十次大會，討論「貫徹民主法治，促進政治建設案」。

下午

二時三十分，出席全會第十一次大會，討論「強化黨的組織案」及一般提案。會後，見蔣秘書長彥士。

4月5日　星期日

上午

八時五十分，抵國父紀念館後，曾見嚴前總統家淦、張資政羣、何一級上將應欽。

九時，在國父紀念館主持先總統蔣公逝世六週年紀念大會，由嚴前總統在會中作專題報告，勉國人力行蔣公勤儉互助遺訓，創造時勢，迎接勝利。

會後，率領五院院長、中央及地方首長三百五十多人，至慈湖謁陵致敬。

下午

一時四十七分，至中山樓與全體與會人員合影。

二時三十分，出席全會第十二次大會，會中通過大會宣言及各種致敬慰問電文。

四時，主持第十二次全會閉會典禮。除以「精誠團結、奮發圖強」為題，發表書面致詞外，並期勉全黨同志，為黨爭氣、為國服務，克勤克儉，任勞任怨。

典禮後，見蔣秘書長彥士、孫院長運璿、馬秘書長紀壯。

五時二十八分，與全會女代表及女青年工作大隊服務人員合影。

五時三十分，主持全會閉會餐會，曾向大會後勤支援人員致意，感謝他們的辛勞及貢獻。

六時十四分，至士林官邸。停留十餘分鐘後，離去。

第十二次全國代表大會閉會典禮致詞

各位先生、各位同志：

經過八天的議程，本黨第十二次全國代表大會在今天圓滿閉會，同時也開始了我們全黨同志堅持革命奮鬥的又一新里程。

在這次大會中，全體同志對於每一議案、每一問題的研究討論，無不是本著「心心念念為同胞」、「一片忠誠報黨國」的情操，殫精竭慮，全神貫注。經國對於同志們這種精神，內心實在感佩。

尤其是在會場中，我們看到年長的先進同志，不避辛勞，勉勵後進；我們年輕同志，對於先進同志，更是虛心請益，禮貌周到。而無論來自大陸、來自海外、來自復興基地各個地區、各種行業、各個單位的出列席同志，融洽和愛，朝夕與共，這種精誠團結的氣象，就是本黨同志奮發圖強的革命精神和潛力銳氣之所在。

本次大會，聽取了行政院孫院長運璿同志的行政報告，和各部門從政主管同志的工作報告，深切了解我們所有的從政同志，都在一心一意貫徹黨的政綱政策，以民眾之心為心，以民眾之利為利，全面推動政治、經濟、文化、教育、社會、國防的建設，並且都有顯著的成就，為建設復興基地、光復大陸國土，深植了雄厚的力量和基礎。同時也聽取了蔣秘書長彥士同志的黨務工作報告以及有關大陸情勢和工作的報告，深切了解本黨自第十一次全國代表大會以來，無論在大陸、在海外、在復興基地，以及自中央至地方，黨務工作的積極推展，為社會和民眾服務的全面加強，也都有具體績效，經國對於所有從政同志和黨務工作同志的辛勞和貢獻，深表佩慰。

本次大會，基於新的形勢和需要，詳盡的研討了六項重要議題，其中：

中國國民黨黨章修訂案——是策進今後黨務工作更為靈活而有效的運作。

中國國民黨政綱案——為更進一步實踐本黨主義和政策，確定了行動的綱領。

貫徹以三民主義統一中國案——由三民主義建設的成就和經驗，體認今日我們的出路，就只有貫徹三民主義光復大陸，才能救國，才能統一中國。

復興中華文化，貫徹民主法治，促進政治建設案——是要在國家發展之中，更進一步整合中西文化，厚植社會安定進步的力量，加強一切為民眾權益設想的政治作為。

貫徹復興基地民生主義社會經濟建設案——促進經濟發展與社會建設，相輔相成，以提升國民的生活水準和福祉。

強化黨的組織，加強黨的行動，激勵全黨同志服務犧牲精神，結合全民心力案——發揮本黨同志團結、負責、服務、犧牲精神，使本黨成為誠心誠意為全民利益效力，與全民願望相結合的全民政黨。

這六項重要議題，可以說，就都是環繞著三個中心而策訂：

第一就是本黨全力貫徹國民革命的職志，不達目的，決不中止。

第二就是本黨一切以民為本，民眾之利，本黨全力造成之，民眾之害，本黨全力去除之。

第三就是本黨要更進一步結合海內外同胞共同的智慧、意志和力量，摧毀大陸共黨匪偽政權，貫徹以三民主義統一中國，根本解決中國問題。

與會同志本此目標，研議重要議題，都已有所決議，大會並對全黨同志、對全體同胞、對自由世界作了鄭重的宣告。

全會各項議題的決議，最重要的就是劍及履及，實踐貫徹，使一切黨務工作紮根落實。

講到黨務工作，我們雖然一直都在革新改進之中，但是社會型態和主觀客觀情勢也一直是在快速發展之中，我們的黨務工作如果不能以同樣的步調，更求革新改進，就不能適應時代的變遷，所以我們必須時時刻刻，心心念念，積極的策劃和推動黨務工作的革新進步，使黨務工作不只是不會落在形勢的後面，更走在社會發展的前面。

這就是說，我們的黨務工作——

在大陸方面：要對大陸情勢隨時的變化，因勢利導，加速「三分軍事、七分政治」主動積極的作為。

在海外方面：要結合海外反共愛國、四海同心的僑心，擴大為復國建國大業的支柱。

在復興基地方面：我們黨務工作的基本要道，是心目中只有民眾，只有主義。易言之，就是惟有國家的長遠利益是圖，惟以民眾的最大幸福為務。所有的組織工作、宣傳工作、社會工作、青年工作、婦女工作、基層黨務工作，就都本此方向而貫徹。

各位先生、各位同志！古人有言「君子有遠慮，志士多苦心」，今天的世局，正在急劇動盪，這一動盪的世局對我們的衝擊，只會一天比一天劇烈，尤其大陸的動亂，已發展到了我們必須加速完成國家統一大業的時候。面對如此世變、匪亂、國難、黨責日深一日的時刻，我們要人人以承擔重任的君子和革命大業的志士，深自期許。所謂有遠慮，就是事事要有遠見，有定見，對一切問題，看深一層，看遠一著，擴大境界，投射到整個國家人民問題上面，投射到中國大陸一千一百萬平方公里廣闊的土地；也就是本黨全體黨員和幹部同志，都能抱著「有容乃大」、放眼四方的氣魄和風度，面對一切艱難和變局，堅忍不撓，冷靜沉著，來突破一切難關，這就是我們不避煩勞、動心忍性的苦心。

惟其有遠慮，所以我們才能為國家、為同胞，有其長策遠圖，計慮週至；惟其多苦心，所以我們才能無私無我豁然大公，深信我們執政黨有這種苦心孤詣，則一切政策作為，必定為同胞所肯定所接受所支持。

記得在本黨第一次全國代表大會上，總理勉勵同志，「政黨最要緊的事，是各位黨員有一種精神結合」，今天我們大家體認總理這一「精神結合」的昭示，同時會想到十屆三中全會——也就是總裁最後一次親自主持的全會——時所講的一段話，總裁期望我們同志，「以革命的情感，扶持顛危，以革命的道義，砥礪志節」，這實在就是我們同志「精神結合」的要義。

經國以為今天我們最重要的，就是要擴大同志之間這種「精神結合」，進而擴大為和全國同胞的「精神結合」，惟有如此全黨同志、全國同胞的「精神結合」，精誠團結，奮發圖強，本黨的前途，也就必能和全民的命運息息相關，血肉相連。讓統一中國的大業，在我們同志同胞的手中，掀天揭地的開展，轟轟烈烈的完成！

最後，經國要代表大會向大陸的同志同胞深致關懷；對海內外的同志同胞，殷殷致候；對所有為大會服務的工作同志，表示謝忱。

敬祝各位先生、各位同志健康、愉快！

我們共祝本黨前途光明，中華民國國運昌隆！

4月6日　星期一

上午

八時三十分，至圓山飯店理髮。

九時十七分，在中山樓先後見蔣秘書長彥士、嚴前總統、謝副總統。

十時，主持第十二屆中央委員會第一次全體會議，並致詞期勉全黨同志，赤膽忠心報國家，誠心誠意愛民眾，提振革命精神，講求工作方法，完成以三民主義統一中國的目標。會中通過十二全大會主席致詞及各項決議案，由中央常務委員會分別切實研議處理。並通過主席提名之二十七位中央常務委員人選，以及中央委員會秘書長及三位副秘書長人選。

十時四十七分起，先後見蔣秘書長彥士、黃院長少谷、馬秘書長紀壯。

十一時十六分，在中山樓與全會記者群合影，對連日採訪全會的辛勞，表示謝意。

下午

三時，參加第十二屆中央評議委員第一次會議。（會議由主席團主席何應欽同志主持）

五時〇九分，見沈秘書長昌煥。

中央常務委員名單

嚴家淦　謝東閔　孫運璿　谷正綱　黃少谷　倪文亞

袁守謙　馬紀壯　李國鼎　高魁元　宋長志　趙聚鈺

王惕吾　王　昇　李登輝　俞國華　余紀忠　林洋港

沈昌煥　邱創煥　洪壽南　蔡鴻文　林金生　辜振甫
閻振興　曹聖芬　林挺生

4月7日　星期二

下午

在府先後見馬秘書長紀壯、汪顧問道淵、張副秘書長祖詒、俞總裁國華。

4月8日　星期三

上午

十時〇五分，見宋總長長志。

十時三十分起，分別見駐馬拉威大使馮燿曾、駐美採購團主任溫哈熊、美國紐約世界日報社長馬克任、外貿協會秘書長武冠雄、宋局長楚瑜。

下午

四時，在府主持財經會談。指示有關機構，立即檢討貿易逆差，並速採具體有效對策，以鼓勵投資，增加出口，及厲行能源節約，提高其使用效率。此外，還期望企業界在謀求利潤時，應注意對社會消費大眾的責任。對於外銷產品仿冒商標情事，也要求經濟部設法杜絕。

會談後，見孫院長運璿、馬秘書長紀壯、瞿秘書長韶華、秦主任委員孝儀。

4月9日　星期四

上午

十一時十五分起，在府見秦主任委員孝儀、蔣秘書長彥士。

中午

十二時三十分，在圓山飯店以午餐款待駐外使節（周書楷等）和駐外團處代表，以及歷任行政院新聞局局長（沈昌煥等）共二十二人，以慰勉彼等工作辛勞。

4月10日　星期五

上午

十時，在中央黨部見蔣秘書長彥士、趙主任委員聚鈺、梁主任孝煌、中視公司董事長楚崧秋。

下午

三時五十五分，蒞臨松山機場外貿協會展覽場，參觀第七屆臺灣機械展售會，對各廠商詢問甚詳。停留近一小時始離去，

五時二十分起，在府先後見馬秘書長紀壯、張副秘書長祖詒。

4月11日　星期六

上午

十時二十四分，在府見蔣秘書長彥士。

4月12日　星期日

上午

八時五十八分，乘機赴臺中。

十時五十五分，抵達南投縣竹山鎮延平里，參觀供奉延平郡王鄭成功之沙東宮。在步出沙東宮後，曾訪問附近攤販，向歡迎民眾問好。並到雙瑞利等三家茶行參觀，向店東們詢問營業情形，希望他們繼續改良品種，提高品質。

中午

十二點十五分，到達杉林溪遊樂區之聚英村，受到一千多遊客的熱烈歡呼。臺灣省政府主席林洋港、鹿谷鄉長林丕耀、議員劉安定等趕來晉謁，並陪同總統共進午餐。

下午

一時二十九分，至松瀧岩觀賞溪底瀑布。

二時三十七分，抵溪頭賓館。

五時二十分，在賓館約見林主席洋港。指示臺灣省府考慮籌闢第二條高速公路，以配合經濟發展及改善交通運輸。

六時三十七分，在竹廬以晚餐招待南投縣歷任縣長（第一任縣長李國楨、第二任縣長歐樹文、第三任縣長林洋港、現任縣長劉裕猷）及議長（第二任議長簡清章、第三任議長陳望雄、現任議長張振傳），勉勵他們發揮「以和建縣」精神。

4月13日　星期一

上午

八時十七分，離開溪頭賓館。

八時三十五分，訪問鹿谷鄉建成茶行，垂詢茶葉產銷情形。

八時五十三分，巡視鹿谷鄉公所，就鄉民生活情形與就業狀況，向林丕耀鄉長詢問甚詳。並提示鄉公所，應經常輔導茶農，改善品質。

九時十七分，轉往竹山鎮集山路，探視錢老太太（去年底去世）之孫錢湖賢，親切詢問其生活情形。

九時二十六分，參觀李勇廟，並訪問廟旁攤販。

十時四十五分，自臺中乘機返北。

下午

三時二十分，至圓山飯店理髮。

四時十五分起，在府分別見王主任昇、蔣秘書長彥士、馬秘書長紀壯、朱部長撫松。

4月14日　星期二

上午

八時五十七分，見張副秘書長祖詒。

九時三十分，在府接見巴拿馬工商部長梅羅及隨員等五人。

十時，主持軍事會談。

十一時三十三分，見孫院長運璿。

下午

三時三十五分，至中央黨部後，分別見蔣秘書長彥士、黃院長少谷、中央政策委員會趙秘書長自齊。

4月15日　星期三

上午

八時二十八分，在中央黨部見蔣秘書長彥士。

九時，主持第十二屆中常會第一次會議。提示中央委員會，針對第十二次全國代表大會各項主要議題及決議案，積極推動；並就大會出列席同志所發表的意見，分類研究，博採眾議，擇別實施。主席並引述閉會典禮的書面致詞中「君子有遠慮、志士多苦心」的一段話，以及總理有關政黨意義的遺教，以期勉全黨同志。

十一時十三分，至國防部部長室訪晤高部長魁元。

下午

四時二十八分，自大直寓所至陽明山竹子湖散步，於五時三十五分到總統府。

五時五十七分，見馬秘書長紀壯。

今日致電美國總統雷根，就美國哥倫比亞號太空梭成功地完成首次太空試航，表示祝賀。

賀電全文如次：

雷根總統閣下：

本人謹代表我國全體人民，向閣下及所有參與哥倫比亞號太空梭飛行計畫之勇士們，申致吾人最熱烈與誠摯之賀忱。此次太空梭計畫之非凡成就，不但顯示貴國在太空科技上之卓越造詣，亦證明美國人民之勇氣、創造力與決心。貴國之優異表現，值得全世界人民之欽羨，吾人願與貴國人民共同慶賀此一劃時代之大事，並預祝貴國未來一切之嘗試順利成功。

4月16日　星期四

上午

十時，在府見駐韓大使丁懋時。

十一時三十分，見蔣秘書長彥士。

下午

三時三十分，至榮民總醫院門診大樓六樓眼科檢查。

六時〇七分，返大直寓所。

4月17日　星期五

上午

十時五十一分，在府見宋總長長志。

十一時二十分，至僑光堂對參加七十年輔導會議代表講話，特別以先總統蔣公「千秋氣節久彌著、萬古精神又日新」的兩句遺訓，勉勵全體退除役官兵們，繼續為國家建設貢獻智慧與力量，共同創造國家光明的前途。

中午

十二時，在臺北賓館接見宏都拉斯共和國外交部長艾維及其顧問卡爾維斯。隨後，並以午宴款待艾維部長等。

下午

四時三十三分，在府分別見宋局長楚瑜、沈秘書長昌煥。

4月18日　星期六

【無記載】

4月19日　星期日

上午

九時五十二分，冒雨蒞臨新竹縣峨眉鄉公所，在鄉長辦公室聽取縣長林保仁的縣政簡報後，曾面予嘉許；並指示今後應繼續加強地方基層建設。

十時十分，巡視「湖光大橋」工程，對該橋完成，便利鄉村運輸，十分高興。並在橋上欣賞峨眉湖之水光山色後離去。

十時十七分至石村，參觀前鄉民代表會主席溫泳秀的製茶工廠，對溫氏父子為地方服務，面予嘉許。

十時三十五分，巡視峨眉衛生所，詢問醫療情形，並察看每一部門。

十時四十五分，巡視北埔鄉公所，聽取鄉長姜炫鏢報告地方建設情形。然後步行往姜鄉長的住宅。在途中曾與歡迎的民眾握手問好，並曾訪問正德街二二－三〇號的居民們。

十一時〇三分，訪問了姜鄉長住宅及姜氏宗祠。

十一時十二分，參觀臺新罐頭公司北埔廠。

十一時五十二分，巡視五峰鄉公所，聽取鄉長朱鳳光的山地建設簡報。

中午

十二時四十七分，巡視橫山鄉公所及養豬專業區。

下午

一時四十四分，至湖口服務站進午餐，然後返北。

4 月 20 日　星期一

上午

十一時〇三分，在大直寓所見鄧院長述微。

下午

四時三十分，至圓山飯店理髮。

五時二十分，在府見俞總裁國華。

六時〇七分，見馬秘書長紀壯。

4 月 21 日　星期二

上午

十時，在府主持財經會談。指示有關機關，應與民間充分合作，採取有效措施，穩定物價，增加投資，提高生產力；並加強員工在職訓練，以提高技術水準。在對外貿易方面，應做到有秩序的外銷，以恢復競爭能力，避免惡性競爭，同時確立良好的國際商譽。會談後，見孫院長運璿。

下午

五時〇二分，在府分別見蔣秘書長彥士、中央政策委員會關副秘書長中。

4月22日　星期三

今為公嶽降令辰，仍照常作息，處理公務。

上午

八時，在大直寓所分別延見親來祝嘏之嚴前總統家淦、孫院長運璿、馬秘書長紀壯。

九時，主持中常會。會中嚴常委家淦發言說，今天為主席華誕，但主席謙沖為懷，向不稱壽。全體出席人員遂都起立鼓掌向主席祝壽，充分顯示對主席的敬愛。會後，分別見蔣秘書長彥士、倪院長文亞、趙主任委員聚鈺。

十時三十分，到總統府繼續辦公。

十時三十六分，國防部高部長魁元、宋總長長志晉見總統，代表三軍官兵呈獻祝壽致敬書，以表達擁護三軍最高統帥之赤忱。

十時四十分，馬秘書長紀壯偕同馮參軍長啟聰、張副秘書長祖詒，晉見總統，恭祝嵩壽。

下午

四時三十分，在府接見美國維吉尼亞州州長道頓夫婦。

四時五十二分，見馬秘書長紀壯。

五時，接見美國眾議員李文斯頓夫婦、龍格倫夫婦、克拉麥夫婦等。

五時四十分，見國策顧問陳裕清。

七時六分，抵慈湖，恭向先總統蔣公謁祭，感謝親恩。

4月23日　星期四

上午

十時〇五分，由慈湖返回大直寓所。

下午

五時〇三分，在府見蔣秘書長彥士。

五時五十分，見國防部總政治作戰部王主任昇。

4月24日　星期五

上午

十時，主持國父紀念月會。會中由法務部部長李元簇報告「國家賠償法的主要內容及其施行之準備」。

十時四十分，見臺南市市長蘇南成。

十一時，見日本參議員玉置和郎。

十一時三十四分，見中央研究院院士林同棪。

十一時五十二分，見陳在俊、李聖文（「大時代的故事」寫作及主播人）。

下午

四時五十二分，至新店訪晤高部長魁元於其寓所。

五時五十三分起，在府先後見沈秘書長昌煥、張副秘書長祖詒。

4月25日　星期六

上午

在府先後見俞總裁國華、張副秘書長祖詒、宋總長長志、馬秘書長紀壯、趙主任委員聚鈺。

4月26日　星期日

上午

八時三十分，親往臺北市立殯儀館，弔祭故陸軍一級上將劉玉章將軍之喪，並慰問其遺屬。

十時二十九分，飛抵金門。

十時四十三分，參觀漁村漁港工程。

十一時四十分，至迎賓館，與正在金門訪問的臺灣省政府廳處長們聚餐，希望他們多前往戰地各處參觀，深入體會金、馬戰地的精神形象，是我們大家所應學習和效法的榜樣。

下午

三時四十三分後，巡視田浦水庫及九孔養殖場，並分別聽取簡報。

四時二十八分，巡視砲指部六一〇營第一連，聽取簡報，並參觀二四〇砲操作。

五時十六分，巡視料羅碼頭後至料羅新興街，與當地民眾親切招呼，並曾進入七號住戶家中訪問。

五時四十二分，巡視玉章路後，至擎天峰休息。

六時十九分，在擎天峰餐廳與各單位主官共進晚餐，曾致詞嘉慰戰地黨政軍各部門負責幹部與工作同仁的辛勞；並勉勵金門軍民，要堅守崗位，奮發圖強，做好自己分內應該做的工作，發揚金門奮鬥的精神，創造更多的建設成果。

晚

駐蹕明廬。

4月27日　星期一

上午

七時五十五分，巡視金門縣政府，曾對金門文化工作團前往臺灣各地演出的成功，面致慰問之意，並和他們合影留念。

九時四十六分，飛抵臺北。

九時五十九分，至圓山飯店理髮。

下午

四時五十一分起，在府先後見張副秘書長祖詒、蔣秘書長彥士、宋總長長志、馬秘書長紀壯。

4月28日　星期二

上午

九時三十分，在府接見多明尼加共和國眾議院議長戴甘普等五人。

九時四十七分，見馬秘書長紀壯及錢次長復。

十時，主持軍事會談。

十一時二十四分起，先後見孫院長運璿、蔣秘書長彥士。

下午

四時四十九分，在府見宋局長楚瑜。

五時，接見美國前任參議院外交委員會主席邱池夫婦。

五時四十分，見沈秘書長昌煥。

總統贈送南投縣耆宿李國楨益壽酒兩瓶，以治療其風濕疾患；今由臺灣省政府主席林洋港代為轉贈。李國楨對總統的關愛，內心至表感謝。

4月29日　星期三

上午

九時，主持中常會。會中通過主席提議的中央委員會部分單位新任副主管及臺北、高雄兩市市黨部主任委員。

十時十分，在中央黨部見辜常委振甫、曹常委聖芬、李市長登輝。

十一時二十分，在府見馬秘書長紀壯。

下午

五時四十分，在大直寓所見宋主任委員時選。

中國國民黨人事異動

臺北市黨部主任委員余鍾驥另有任用，以關中接任。

高雄市黨部主任委員郭哲另有任用，以鄭心雄接任。

組織工作會副主任朱堅章辭職照准，遺缺以海外工作會副主任蔡鐘雄調任。

組織工作會副主任吳思珩調任考核紀律委員會副主任委

員；所遺組織工作會副主任缺，調臺灣省黨部書記長吳挽瀾升任。

大陸工作會副主任周靈鈞屆齡退休，遺缺派張其黑接任。

文化工作會副主任陳叔同另有任用，應予免職；遺缺調任秘書處秘書沈旭步升任。

社會工作會副主任李長貴辭職照准，遺缺派陳水亮接任。

青年工作會副主任王曾才辭職照准，遺缺派徐抗宗接任。

政策委員會副秘書長關中另有任用，應予免職；遺缺調高雄市黨部主任委員郭哲接任。

4月30日　星期四

上午

九時三十九分起，在府分三批見軍方調職人員劉明琳中將等二十一人。

十時五十分，至國防部部長室晤高部長魁元，祝賀其生日。

十一時十五分，在府接見薩爾瓦多執政團主席杜華德之夫人及副主席古蒂耶雷斯之夫人，並分別贈以大綬卿雲勳章及景星勳章各一座。

隨後，見馬秘書長紀壯、朱部長撫松。

下午

四時二十三分，由大直寓所出發，巡視北投、關渡、淡水等地後抵府。

五時五十分後，分別見蔣秘書長彥士、宋局長楚瑜。

5月1日　星期五

下午

四時，在府內大禮堂，以茶會招待七十年模範勞工黃素梅等一百三十二人，曾和他們親切交談，詢問他們的生活和工作情形。並致詞期勉全國各界，克勤克儉，效法勞工刻苦精神，為國家開創更偉大的事業、更光明的前途。

四時三十六分起，分別見立法委員李繼淵、安全局顧問戴安國、新任北美事務協調委員會駐美代表蔡維屏、馬秘書長紀壯等。

招待七十年模範勞工茶會致詞

親愛的勞工朋友們：

今天是中華民國建國七十年的勞動節，勞工朋友不但一直是生產線上的無名英雄，更將是今後勤儉建國的開路先鋒，因此藉這機會，經國要向各位模範勞工以及全國各界的勞工朋友，表示最大的敬意。

經國平日公務之餘，最大的快樂之一，就是到各地和勞工朋友們話家常，不論在礦區、在工廠、在碼頭、在鄉間，每次我和勞工朋友們握手的時候，透過大家結實厚重的手掌，我深深體會到什麼叫做默默中奉獻；看到大家喜悅純樸的笑容，也更瞭解了什麼叫做創造的快樂。勞工朋友們生產報國的勞苦功高，永遠在我心中難忘，永遠令我感動不已。

勞工朋友所代表的精神，是腳踏實地，不尚空談；是苦幹實幹，不畏艱難；是犧牲奉獻，不計名利；是研究發展，不斷創新。我深切盼望大家，都能普遍發揚這些精神，促使我們國家的生產力更加提高，國家建設的成果更加壯大！

尤其在今天，建國七十年代將是我們進入開發國家的年代，全國各界務須加倍努力，一心一德，克勤克儉，以勞工朋友刻苦耐勞的精神，作為社會風尚的楷模，大家都能做到工作決不後人，生活樸實無華，集中一切力量投入生產，掃除奢靡，就必能為我們的國家開創更偉大的事業，更光明的前途！

政府對於勞工朋友的福利一向極為關切，今後在加速工業化的過程中，更將本著民生主義的精神，不斷注意改進。特別對於勞工朋友的工作安全、權益保障、生活品質、環境衛生、子女教育、以及休閒活動等問題，政府念茲在茲，必定全力以赴，務期勞資和諧合作，人人都能安居樂業，社會欣欣向榮。相信只要大家一致身體力行，切實做到勤儉報國，精益求精，那麼建國七十年代定必是我們完成中興大業，三民主義光華四射的勝利年代！

祝福大家身體健康，技術進步，精神愉快！謝謝大家！

5月2日　星期六

上午

九時五十三分，見張副秘書長祖詒。

十時十八分，見沈秘書長昌煥。

十一時〇四分，接見香港遠東經濟評論區域主編塔斯克。

十一時四十五分，見馬秘書長紀壯。

下午

四時三十分，在大直寓所見孫院長運璿。

5月3日　星期日

上午

九時四十七分，由孫院長運璿陪同，飛抵屏東。

十時〇三分，巡視屏東縣九如鄉公所，曾詢問該所農業技士陳棟有關農民收益等情形。走出鄉公所後，受到民眾熱烈鼓掌歡迎，總統亦親切地與民眾閒話家常。

十時三十分，至九如鄉後庄村，曾下田了解農民割稻情形，並詢問農友黃清海及張高明有關代耕、代割的工資問題，而有所嘉勉。

十時五十分，至香蕉研究所，參觀其推廣中心展覽館，對該所工作人員埋頭研究，表示欣慰。

十一時二十分，巡視長治鄉公所，聽取鄉長黃順丁的施政簡報。走出鄉公所時，曾受到民眾的歡呼問好。

中午

十二時，至內埔鄉水門村和松飯店用午餐。

十二時三十四分，巡視瑪家鄉公所。隨後即往山地文化村參觀，詢問山胞的風俗習慣，以及山胞文化工作隊到菲律賓訪問等情形。並當場稱讚山胞的歌唱才藝。

下午

一時十五分，巡視三地鄉公所。然後至三地門天主教聖若望醫院，親切慰問住院病童，對該醫院為山胞提供醫療服務，表示嘉許。

二時〇五分，乘機離屏返北。

5月4日　星期一

上午

九時四十三分，至圓山飯店理髮。

十時〇六分，見秦主任委員孝儀。

十時三十七分，見謝副總統。

十一時十七分，見張副秘書長祖詒。

下午

四時三十分，在府主持座談會。與會人員有嚴前總統、謝副總統、孫院長運璿、黃院長少谷、袁守謙先生、馬秘書長紀壯、沈秘書長昌煥、蔣秘書長彥士、趙秘書長自齊等。

六時〇六分，見黃院長少谷。

六時十二分，見蔣秘書長彥士。

5月5日　星期二

上午

九時，在府見僑港國策顧問謝伯昌夫婦。

十時，主持財經會談。指示政府有關部門，積極鼓勵並協助業者從事工業升級、能源節約及自動化操作的努力，並加強勞工技術訓練，增進勞工福利；對機械工業應給予重點輔導，使其真正發揮策略性工業的預期功能。此外，今後必須更進一步從改善人力結構、提高人力素質兩途徑，充分提高人力運用效率，同時應全力推動經濟的升級。會談後，分別見馬秘書長紀壯、宋總長長志。

下午

四時五十五分，在府見王主任昇。

五時三十七分，見沈秘書長昌煥。

財經會談指示

一、我們的經濟繁榮，是勞工與企業家共同努力奮鬥的結果，今後經濟發展所面臨的挑戰有增無已，更需要勞資雙方同舟共濟，發揮勤儉精神，加以克服。政府有關部門除應積極鼓勵並協助業者從事工業升級、能源節約及自動化操作的努力外，對加強勞工技能訓練、增進勞工福利亦應注意辦理。

二、機械工業是我國今後經建計畫中的策略性產業，無論在國內或國外市場上，都具有發展潛力。本次機械展覽，不但產品種類比以往增加，品質也頗多提高。惟國內機械廠商一般規模不大，相關工業的配合發展亦待加強，希望業者再接再厲，通力合作，注重研究發展與經營管理，提高產品品質與生產力。政府有關部門應對機械工業給予重點輔導，使其真正發揮策略性工業之預期功能。

三、人力資源的發展，關係國家建設至鉅，今後必須更進一步從改善人力結構，提高人力素質兩途徑，來充分提高人力運用效率。目前人力運用方面，學與用、建與教仍未完全密切配合，經濟部門與教育部門應會同檢討改進。至於人力素質方面，除應培養公共道德，提高國民知識及技能水準以外，亦應繼續致力改善國民體質。最近有關研究報告顯示，我國國民罹患肝炎與近視眼的情形甚為普遍，影響國民健康，希有關單位從速採取有效防治措施。

四、現階段我們的經濟發展，應該致全力於推動經濟的升級。亦即必須提高產品品質與品級，增強產品出口競爭能力，發展新的產品，創造新的市場，以擴大我們外貿的領域。而所謂「經濟升級」，主要關鍵在於研究發展與科學管理。唯有加強研究發展，才可縮短我們與工業國家技術上的差距；唯有工商企業建立現代化的科學管理制度與經營方法，才可提高生產力與國際競爭力。這些都有賴於政府與企業界密切合作，積極推動，以期達到七十年代使我們進入開發國家的目標。

5月6日　星期三

上午

八時四十四分，在中央黨部見沈秘書長昌煥。

九時，主持中常會。通過主席提議，提名倪文亞為立法院院長候選人、劉闊才為立法院副院長候選人。會後，分別見秦主任委員孝儀、倪院長文亞、高雄市黨部鄭主任委員心雄、梁主任孝煌、宋局長楚瑜。

下午

五時十四分，見馬秘書長紀壯。

五時三十八分，見魏顧問景蒙。

5 月 7 日　星期四

上午

九時二十五分，在府見馬秘書長紀壯。

九時四十八分，接見一九七六年諾貝爾經濟獎得獎人、美國芝加哥大學經濟學系教授傅利德曼夫婦。傅氏曾強調大陸人民百般窮困，而自由中國等地區卻富庶繁榮，完全是由於制度不同的結果。

十時四十三分，見新任駐東加王國大使錢愛虔。

十一時，接見大韓民國內務部長官徐廷和夫婦，並以景星勳章一座贈予徐廷和長官。

下午

五時十八分，蒞臨歐洲產品展覽會，曾先後到荷蘭國家館、奧地利館以及法國、比利時、義大利、英國、瑞典、西班牙等攤位，詳盡的參觀其展出的機械設備，並聽取詳細說明。至六時十一分，才在廠商熱烈掌聲中離去。

5月8日　星期五

下午

四時三十分，在府見新任國際關係研究中心主任張京育。

四時四十三分，見馬秘書長紀壯、朱部長撫松。

四時五十五分，接見泰國前總理他儂。

五時三十二分起，分別見朱部長撫松、張副秘書長祖詒、陳資政立夫、蔣秘書長彥士。

5月9日　星期六

上午

九時四十一分，至張資政岳軍寓所，祝賀其九三壽辰。

十時五十四分，飛抵高雄市。於繞行市區後，轉往圓山飯店。

下午

四時三十分，至高雄港務局，聽取局長李連墀興建國內第一座過港隧道計畫的詳細報告。

五時五十二分，至前鎮巡視過港隧道工程預定地，對策畫工作的週詳，表示嘉許。

六時四十五分，在圓山飯店與泰國前總理他儂晤談，並以晚宴款待。馬秘書長紀壯、沈秘書長昌煥夫婦等作陪。

5月10日　星期日

上午

八時五十八分，自小港機場乘機返北。

十時，至圓山飯店理髮，然後返大直寓所。

5月11日　星期一

下午

四時，在府見朱部長撫松。

四時三十四分，見張副秘書長祖詒。

五時，接見美中經濟協會理事長甘乃迪夫婦。

五時三十一分，見宋局長楚瑜。

五時四十二分，見蔣秘書長彥士。

六時〇三分，見宋總長長志。

5月12日　星期二

上午

九時二十分起，先後見張副秘書長祖詒、馬秘書長紀壯。

十時，主持軍事會談。

十一時十三分，在府見孫院長運璿。

下午

五時，在府接見來華參加一九八一年中美貿易暨投資研討會的美方重要代表懷特州長夫婦等十九人。並致詞強調，中美兩國信念相同，因此兩國間經濟關係持續的成長與擴大，是極其自然的事。並且認為這一次研討會的召開，將會更進一步加強中美之間的經濟關係。

五時三十一分起，分別見馬秘書長紀壯、蔣秘書長彥士。

5月13日　星期三

上午

八時四十四分，在中央黨部見蔣秘書長彥士。

九時，主持中常會。期勉全黨同志，積極奮鬥，發揚國父孫中山先生的精神，貫徹以三民主義統一中國，達成國民革命的最高目標。

十時〇六分起，分別見政策委員會趙秘書長自齊、外交部錢次長復、文工會周主任應龍。

5月14日　星期四

凌晨

閱悉教宗若望保祿二世遇刺受傷，特致電我駐梵蒂岡教廷大使周書楷代表我國政府與人民，向教宗表示慰問，並祈祝其早日康復。

上午

七時五十五分，在圓山飯店約中美經濟協會理事長甘乃迪夫婦共進早餐。作陪者有孫院長運璿、蔣秘書長彥士、宋局長楚瑜。

九時十八分起，在府分二批約見軍方調職人員陸軍中將劉燕生等二十三人。隨後，又約見國防部計畫進修在國內外獲得博士學位人員空軍上校蕭達京等十二人。

十一時〇三分起，分別見第三局陳局長履元、馬秘書長紀壯。

下午

五時，在府接見瓜地馬拉參謀總長孟多沙少將夫婦。

五時三十分，見沈秘書長昌煥。

5月15日　星期五

上午

十一時〇五分，在中央黨部見政策委員會郭副秘書長哲。

十一時四十四分，見組織工作會梁主任孝煌。

十一時五十九分，見政策委員會趙秘書長自齊。

下午

五時三十六分，在中央黨部見蔣秘書長彥士。

五時五十分，見梁主任孝煌。

六時二十六分，見趙秘書長自齊。

5月16日　星期六

上午

十時二十九分，至圓山飯店理髮。

十一時二十六分，在府見馬秘書長紀壯。

十一時五十二分，見張副秘書長祖詒。

十二時，見宋局長楚瑜。

5月17日　星期日

上午

九時三十分，飛抵花蓮。

十時五十分，至龍澗發電廠，聽取木瓜溪水力發電工程簡報，然後至工地慰問工作人員的辛勞。認為他們在深山中，終年累月默默工作，完成各項偉大的建設，我們應該向這些無名英雄們致敬。

中午

十二時〇五分，到秀林鄉銅門村山胞蔣秀花、林兆德兩家訪問，對他們的家庭設備電氣化，一再稱許。車經文蘭村時，曾下車與夾道歡迎的山胞們，握手問好。

十二時二十八分，至鯉魚潭訪問榮民楊忠勇。

十二時五十分，抵達壽豐鄉志學村輔導會花蓮就業訓練中心，慰問榮民，並和他們合影。

下午

一時四十分，至吉安鄉南華村的一家大陸飯店進午餐。

二時二十一分，深入秀林鄉水源村，巡視基層建設水源橋興建工程。隨後又巡視了村辦公室，並由村長張貴能陪同，慰問村中山胞。他們見總統蒞臨，均萬分興奮。

三時〇四分後，分別巡視了秀林鄉公所、民眾服務站及衛生所，並聽取鄉長廖守臣的基層建設施工報告。

三時四十七分，至花蓮港務局，聽取局長李北洲簡報擴建工程概況，並巡視港區建設。

四時二十七分，巡視陸軍第二四九師師部。

四時四十六分，自花蓮乘機返北。

5月18日　星期一

【無記載】

5月19日　星期二

上午

九時二十五分，見張副秘書長祖詒。

十時，主持財經會談。指示政府有關單位：今後除繼續注意美國市場動態及推動自美採購政策外，應重視美國精密工業及高度科技的引進；應設法繼續加強拓展歐洲的貿易；銀行作業應儘速建立電腦資訊系統，以提高銀行的效率及服務品質。此外還指示：政府及民間的企業部門，必須注意高級技工的培養，地方基層建設並應擴大繼續辦理。

十一時四十分，見孫院長運璿及馬秘書長紀壯。

下午

五時〇二分，在府見蔣秘書長彥士。

五時五十五分，見張副秘書長祖詒。

六時十六分，見王主任昇。

財經會談指示

一、這次中美貿易暨投資研討會，美方出席人員較以往為多，足見我國市場更廣泛的受到美國企業界的重視，也是雙方擴大貿易基礎的一個好現象。今後除繼續注意美國市場動態及推動自美採購政策外，尤應重視美國精密工業及高度科技的引進，俾能促進我國工業的升級，並合作開發其他國際市場，如此則使中美兩國將同蒙其利。

二、今後我們應該設法繼續加強拓展歐洲的貿易。這次歐洲產品展覽，參觀人數很多，使國內企業界有機會瞭解工業國家商品的品質與標準，作為我們的參考與借鑑，實在很有意義。同時我們也需要強化駐歐貿易機構的功能，加強與歐洲各國貿易機構及工商團體的聯繫，增進雙方的經貿關係，以擴大我國對歐洲市場的潛力。

三、國內企業界對電腦資訊系統的運用，已日漸普及，銀行功能與企業界的關係非常密切，我國銀行作業應儘速建立電腦資訊系統，以提高銀行的效率與服務品質。

四、高級技工的培養，於今後工業的升級與發展，關係至大，政府及民間的企業部門，對此必須特加注意，除加強並改進國內的職業訓練外，也可選派優秀而具有潛力的技術工人前往國外實習或深造，多多培植技術幹部，加速工業進步。

五、地方基層建設開始推動以來，使多數民眾均能直接受益，初步效果已甚顯著，惟其目標尚僅限於便利或改善民眾的生活，如普及電力、電信、自來水的裝設、修橋、造路、改進水利設施與環境衛生等等，故尚須擴大繼續辦理。下一階段推動的目標，應在如何幫助民眾提高所得，增加財富，希望政府各有關部門，依此目標，妥訂計劃，賡續付諸實施。

六、臺東建港對於東部未來開發價值極大，至希執行單位依照預定計劃積極進行，如期完成。俾與南迴鐵路相並使用，發揮預期功能。

5月20日　星期三

今為總統就職三週年，全國軍民及海外僑胞熱烈展開各項慶祝活動，中央及地方民意機構分別上電致敬，共同表達擁戴之忱。

上午

八時三十六分，在中央黨部參觀石秋田之木雕屏風。

八時三十九分，見蔣秘書長彥士。

九時，主持中常會。全體中常委均起立以熱烈掌聲祝賀。會中曾提示有關部門，今後要有計畫地發展科學與培養科學人才，使得我們的科學技術達到自立自強的目標。此外，還提示社工會，要長期及有計畫地推動捐血運動，以配合社會的需要。會後，分別見趙秘書長自齊、秦主任孝儀、黃院長少谷。

下午

四時〇二分，在府見秦主任委員孝儀。

五時，接見最近當選連任的立法院院長倪文亞和副院長劉闊才，向他們道賀，並表示立法院自行憲以來，對國家與人民作了極大的貢獻。

隨後，又分別見馬秘書長紀壯、秦主任委員孝儀、汪顧問道淵。

今日香港遠東經濟評論，刊出總統於五月五日接受其區域主編塔斯克的訪問內容。在此訪問中，總統特別強調，中華民國統一大陸的主要憑藉是三民主義，時間愈長愈能證明其必然性；並重申我決不與匪接觸、談判和妥協的堅定立場。

香港遠東經濟評論區域主編塔斯克訪問內容

一、

問：總統的開明與親民為人所熟知，請閣下敘述您及貴國政府對人民的責任為何？

答：中華民國政府對民眾負有兩種責任：一為確保國家安全，一為增進人民福祉。為達成此兩大目標，政府一向全力以赴。

「親民」是中國傳統政治理論的理想和特色。本人一方面是國家的元首，另方面也是平民。生活在民眾之中，與民眾聲息相通，是個人的一件樂事。

二、

問：請問總統閣下，貴國經濟成功的原因何在？是否為了優先考慮抑制通貨膨脹而使經濟成長有某些程度的犧牲？貴國對於導引勞力密集式經濟走上技術和資本密集式工業，是否有一定的政策？

答：中華民國政府採取成長與穩定兼顧及農工並重的經濟政策，兩者相輔相成，而不是犧牲某一方面而換取另一方面的成功。因為只顧一面的政策，常會回過頭來損及另一方面。至於我們推動工業升級及改變工業結構，也早有週全的規劃，並已採取各方面的配合措施。這些措施，包括賦稅、金融、投資、貿易以及研究發展的方面等等，相信不久將能產生更顯著的成效。

三、

問：中美斷交對貴國的打擊如何？此種打擊是否迫使貴國發展與歐洲之關係？貴國因中美斷交而與歐洲及其他國家建立較密切之貿易關係，是否因此而獲實質上的利益？貴國希望從與雷根政府的關係中獲得什麼？貴國對目前與南非及以色列的特殊關係是否滿意？貴國與阿拉伯國家供應石油之關係如何？

答：中美斷交對我們的震撼是強烈的，我們所受的損害遍及許多方面，但是由於我政府與同胞堅持「打落牙齒和血吞」的堅忍意志和自立自強的奮鬥精神，終於迅即恢復平靜，克服困難，並創造了更多的進步成就。

今天我們與歐洲貿易以及其他實質關係的增進是基於平等互惠的原則，也是多年來彼此共同努力的結果，並不始自中美斷交之時。我們目前所期望於美國政府的是切實執行「臺灣關係法」來改進與中華民國的關係。

由於反共立場一致，我們與南非共和國的實質關係發展良好。在阿拉伯國家中，我們與沙烏地阿拉伯王國有密切的合作關係，無論在經濟合作、技術交流以及貿易、文化等方面的關係，都在與日俱增。此外我們與其他產油的阿拉伯國家也有良好的關係，他們且多樂意賣石油給我們。我們與以色列則並無邦交。

四、

問：當此中共正減少其國防開銷之際，為何貴國之國防經費佔預算中如此高的比例？貴國的武器來源為何？貴國最近向荷蘭購買潛艇之意義為何？是否會與其他歐洲國家有類似的交易？貴國目前與東歐國家貿易情形如何？這是否符合貴國反共的意識型態？

答：中共是由於財源枯竭而減少其國防支出，並不意指中共已改變其黷武的本性，而且中共至今一再叫囂並不排除以武力侵佔臺、澎、金、馬的可能性，為了保障我們的生存，勢必要有足夠的國防預算，但事實上，近年來由於我國經濟不斷的進步，其他各項建設的蓬勃發展，所以國防經費佔我全國行政預算的比例已大為減低。

中華民國的武器主要來源還是美國，我們向荷蘭購買潛艇，只是一筆普通的交易，並無特殊意義，我們還向法國購買「空中巴士」，由於貿易是雙方有利的交往，我們與大部份歐洲國家的貿易，正在日益增進之中。至與東歐貿易就只是貿易，與政治無關，與意識型態無關。

五、

問：貴國總統的繼承無既存的方成，一日總統去職會產生什麼情況？

答：中華民國是一個實施民主憲政的國家，總統的選舉、缺位、繼任，我國憲法均有明文規定，自當依憲法行事，無任何其他情況可言。

六、

問：總統閣下您能否證實貴國與中共無任何形式之來往？在何種情形下可考慮與中共來往？貴國與中共

是否仍有戰爭之可能？您認為將會以戰爭或和平的方式光復大陸？中共顯然已對貴國提出和平建議，您是否認為武力的威脅已減少？

答：對於這一連串的問題，本人想概括說明三點：

第一、中華民國政府不與中共接觸、談判和妥協的立場十分堅定，決不改變，希望國際間尤其是新聞傳播界人士，不要相信中共的統戰謊言和宣傳，也不要輕信各種毫無根據的謠言。

第二、希望最鄰近中國大陸的人士，能夠比世界其他地區的人更瞭解中共的本質。在中共的字典裡，沒有「和平」一詞，它只是戰爭的另一個形態而已。

第三、中華民國統一大陸的主要憑藉是三民主義而非武力。過去三十一年來，已經證明我們的努力已獲得中國大陸人民的嚮往，時間愈長，唾棄共產主義的人愈多，就愈能證明三民主義統一中國的必然性。

七、

問：請問中國國民黨是否欲藉最近一次全國代表大會的召開擴大黨的基礎？總統閣下您是否鼓勵本省籍人士加入政府？您對去（六十九）年十二月選舉之看法如何？貴國目前經濟飛速發展，人民享受高等所得及生活水準，為何仍需實施新聞檢查制（管制）及限制政治活動？臺灣目前有多少政治犯，在何種情形下彼等可望獲釋？在何種情況可停止實施戒嚴法？

答：中國國民黨是執政黨，此次舉行十二全大會的主要目標有三：

（一）把復國建國大業推進到嶄新的境界。

（二）顯示中國國民黨革命民主開放的新形象。

（三）貫徹以三民主義統一全中國。

國家是大家的，政府也是大家的，我們一向「用人唯才」，只要有理想、有抱負、有才能，肯為國家效命，為民眾服務的人，我們無不設法延攬。將居住在自由中國的人劃分為本省人與非本省人是不正確的，因為我們都是中國人，只是到臺灣的時間有先後不同而已。至於去年十二月的中央民意代表增額選舉。國內外均認為是一次公開公平公正的選舉。是我國民主政治發展過程中一項進步的紀錄。

二十多年來中華民國在經濟、政治、社會及生活等各方面的進步確是事實，但我們的民眾都知道這是我們大家努力工作與重視整體利益的結果。如果沒有戒嚴法限制親共以及違反全民利益的活動，在過去數十年中不會有一個安定的環境，更不可能創造經濟奇蹟及發展民主政治。

我們當前的處境是在敵人虎視眈眈之下，為了我們的生存，為了我們的發展，以及為中國大陸同胞維持一線重獲自由的希望，我們必須奮鬥、容忍和犧牲。

中華民國政府一向尊重新聞自由以及鼓勵合法的政治活動，我們也沒有所謂「政治犯」，只有刑法上的叛亂犯。我們希望國際人士瞭解自由中國的成就，除了全力的辛勤工作之外，政府明智的政策也是導致進步的一項不可忽視的因素。

5月21日　星期四

下午

四時四十七分，在府見蔣秘書長彥士。

五時十三分，見宋總長長志。

5月22日　星期五

上午

八時四十三分，見秦主任委員孝儀。

九時二十分，見馬秘書長紀壯、張副秘書長祖詒。

十時，主持國父紀念月會。財政部部長張繼正在會中報告「修正財政收支劃分法改善地方財政情形」。

十時三十二分，接見因任滿返國來府辭行之韓國駐華大使玉滿鎬。

十時四十六分，見馬秘書長紀壯。

十時五十五分，接見新加坡國防部長侯永昌夫婦、工業兼衛生部長楊林豐、國防部政務部長吳作棟。

十一時二十七分，接見韓國援護處長李種浩。

下午

五時二十二分，見沈秘書長昌煥。

六時二十六分，見馬秘書長紀壯。

5月23日　星期六

上午

九時五十七分，至圓山飯店理髮。

十時三十一分，至中央黨部。

十時三十八分，見蔣秘書長彥士及秦主任委員孝儀。

5月24日　星期日

上午

十時四十五分，蒞臨彰化縣和美鎮公所，聽取鎮長葉萬錄報告地方建設情形後，並巡視新近竣工的兩條基層建設道路。

十一時十五分，巡視線西鄉公所，對該鄉基層建設進度超前，表示嘉許。步出鄉公所時，和夾道歡迎的民眾握手問好，並訪問附近居民。

十一時四十六分，至鹿港鎮洋厝里新厝巷一六一號，訪問農友黃東秋及其家人，詢問他們有關農耕及農產品運銷的情形。

中午

十二時〇五分，到達鹿港鎮公所，詢問鎮長郭柳辦理基層建設狀況，勉其多為民眾設想。然後到天后宮參觀，與進香之民眾互相祝福問好。

十二時二十八分，在鹿港鎮中山路上一餐廳進午餐。

下午

一時三十七分，在芳苑鄉之漢寶村訪問一家機車行老闆黃君；並在機車行內將所戴帽子與農民顏樹生的斗笠交換，顏君及其他村民均非常感動。

二時〇二分後，曾分別巡視芳苑鄉公所、二林鄉公所、田尾鄉公所，分別詢問民眾生活情形和基層建設狀況；並在田尾鄉先後參觀公路花園老闆胡改量及新發園藝公司總經理巫長生的花圃，詢問其栽培觀賞花卉經營情況，並對他們美化環境以提高生活品質，有所嘉許。

四時二十五分，至彰化縣政府，參觀新建縣府辦公大樓施工情形，然後離去。

5 月 25 日　星期一

上午

九時五十七分，在府接見陳資政立夫。

十時二十七分，接見美國霍華德報系顧問兼基金會主席考威爾夫婦等十人。

十一時十六分，見空軍總司令烏鉞。

十一時三十分，接見玻利維亞空軍總司令貝納爾中將夫婦。

十一時四十五分，見監察委員黨部書記長林亮雲。

下午

四時二十三分，至烏來散步後，赴中央黨部。

五時十六分，在中央黨部見蔣秘書長彥士。

六時二十分，打電話給嘉義縣長涂德錡，詢問有關嘉義地區雨量、曾文水庫水位、稻穀生產及價格等問題。

5月26日　星期二

【無記載】

5月27日　星期三

上午

八時三十一分，在中央黨部見外交部次長錢復。

八時五十一分，見蔣秘書長彥士。

九時，主持中常會，通過輔導黨員參加公職人員選舉辦法。

十時二十三分，見孫院長運璿。

十時四十分，見考核紀律委員會梁主任委員永章。

十一時三十分，在府見張副秘書長祖詒。

下午

四時二十五分，見馬秘書長紀壯。

四時五十一分，以茶會接待多明尼加古斯曼總統夫人等八人，先代表夫人接受多國勳章，繼贈勳古斯曼夫人。

五時二十五分，見朱部長撫松。

五時五十三分，接見美國聯邦參議員松永正行等三人。

5月28日　星期四

上午

九時三十分，在府見陸軍總司令郝柏村。

十時二十分，見國策顧問魏景蒙。

十時二十七分，見海軍總司令鄒堅。

十一時〇二分，見警備總司令汪敬煦。

十一時三十分，見正聲廣播公司董事長李廉。

下午

二時二十四分，在中央黨部見蔣秘書長彥士。

四時三十三分，見黨史會秦主任委員孝儀。

五時三十四分，在府見馬秘書長紀壯。

五時五十六分，見沈秘書長昌煥。

六時四十七分，見宋總長長志。

5 月 29 日　星期五

上午

八時〇五分，親蒞市立殯儀館，弔祭本府資政王世杰先生之喪。

八時五十七分，在府見俞總裁國華。

九時四十五分，見馬秘書長紀壯。

九時五十七分，見邱部長創煥。

十時二十四分，見朱部長匯森。

十時五十四分，見張部長光世。

十一時三十三分，見秦主任委員孝儀。

下午

四時二十三分，在府見新加坡總理李光耀之子李顯龍少校。

四時五十四分，見烏總司令鉞。

五時三十三分，見沈秘書長昌煥。

六時三十七分，見張副秘書長祖詒。

5 月 30 日　星期六

上午

十時三十四分，在府見蔣秘書長彥士及秦主任委員孝儀。

十一時三十七分，至圓山飯店理髮。

下午

三時五十七分，至天母訪晤陳資政立夫於其寓所。

5 月 31 日　星期日

今日為關懷桃、竹、苗三縣雨災地區民眾生活及重建家園工作，曾冒雨前往巡視，實地了解受災情況，並慰問災民。

上午

九時十七分，抵桃園縣政府，聽取代縣長葉國光有關雨災損害及救災情形簡報。

十時，至中央大學，聽取校長李新民的校務簡報。然後參觀該校中正圖書館的藏書設備，並訪問在館內看書的同學，勗勉他們除注意課業外，也應注意鍛鍊身體。

十一時十六分，至新屋鄉巡視社子溪上被洪水沖毀的笨港橋，並指示葉代縣長，應轉告公路局注意改善。隨後又到附近的萬隆紙廠，察看其受災情形。

十一時四十五分，至楊梅鎮水尾橋頭，巡視橋旁流失的田園和房屋，指示葉代縣長儘速作好救災及復建工作，讓災民早日重建家園。

中午

十二時三十三分，抵達新竹縣新埔鎮之日勝飲食店進午餐。

下午

一時〇六分，至新埔大橋，冒雨察看兩旁護岸流失情形。

一時三十二分，訪問新竹榮民之家，慰問榮民。

二時，巡視香山鄉公所，聽取鄉長蔡燈益的災情報告。

二時十七分，抵達朝山村後，即下車步行前往火庄海堤，途中小徑，積水盈尺，總統涉水而過，鞋襪全濕。時有一位七七高齡的林鄭玉鸞老太太，曾冒雨替總統打傘，總統忙說：「應該由我替你打傘才對。」見者均深為感動。回程時，還親到林老太太家中參觀後離去。

三時十五分，抵達苗栗頭屋鄉之明德水庫，察看洩洪情形，並訪問水庫附近的商店、住戶及明德路十四號的教師會館。

三時四十六分，至苗栗縣政府，聽取縣長邱文光有關基層建設辦理情形的簡報。並指示邱縣長對山胞及漁民的生活，要加強輔導，予以改善。

四時，由苗栗返北。

晚

八時，在大直寓所見宋局長楚瑜。

6月1日　星期一

上午

十時五十二分，在府見馬副總長安瀾。

十一時〇五分，見張副秘書長祖詒。

十一時四十五分，見宋局長楚瑜。

下午

四時四十五分，在府見馬秘書長紀壯。

五時二十分，見秦主任委員孝儀。

五時三十八分，見沈秘書長昌煥。

六時二十四分，見宋總長長志。

6月2日　星期二

上午

九時五十二分，在府見張副秘書長祖詒。

十時，主持財經會談。勉勵主管機構及民間企業，把握油價凍結機會，更新設備，提高生產力及認真節約能源，繼續增強我國未來因應國際油價衝擊的能力。此外，並對七十一年度預算案的執行、此次桃園、新竹、彰化等地區雨水災害的救濟及重建、今後對水資源供應的整體規劃以及多氯聯苯等公害的有效防止等，均分別有所指示。會談後，見孫院長運璿。

中午

十二時〇二分，見馬秘書長紀壯。

下午

四時四十一分，在府見宋主任委員時選。

五時四十二分，見王國策顧問任遠。

財經會談指示

一、七十一年度國家總預算已由立法院通過，行政部門應依照勤儉建國的政策，以及開源節流的原則，嚴格執行。能節省的，儘量節省，尤其應注意逃稅漏稅的防止。

二、五月份出口金額繼續增加，且有小額出超，物價已開始回跌，顯示國內經濟開始有好轉跡象；另方面國際油價已凍結，年內不再漲價，這對促進當前世界經濟復甦，應可產生良好效果。我們應把握這個有利的機會，繼續努力，鼓勵民間投資，更新設備，提高生產力及積極認真節約能源，以達成今年經濟成長與穩定的目標，並繼續增強我國未來因應國際油價衝擊的能力。

三、連日來大雨不止，在桃園、新竹及彰化等地，造成相當災害，各主管單位應迅速展開復舊、救災及協助居民重建家園的工作。但就這次受害地區遭受損失的工程看來，有因設計不週或由於工程發包時圍標結果而偷工減料，一旦遭受天然災害衝擊，就無法抵擋，首先遭受破壞。今後，在修築道路、橋樑、河堤及各項公共設施時，應特別加強工程設計及鞏固基礎結構，並破除圍標弊病，而重視工程的堅固安全，以防受天然災害的侵擊。

四、由於去年的乾旱，使部份地區今年一、二期稻作發生缺水現象，現幸及時降雨，使旱象解除。近日來曾文及烏山頭水庫水位的增加，使嘉南地區第二期稻作所需灌溉用水，將可獲得充分供應。今後對水資源的供需，希主管單位應作整體的規劃，並對缺水地區，應早作準備，調節供需，以降低天然災害產生不利影響的程度。

五、多氯聯苯中毒案件不幸發生，對患者身心健康甚至生命安全構成嚴重的影響，其為害之大，足為各方警惕。有關單位必須妥善處理，除全力協助患者給予長期免費治療外，對痊癒患者並應輔導其就業。今後為防止類似公害的發生，有關單位亟須研擬有效措施，以維護國民健康。

6月3日　星期三

上午

八時五十分，主持中常會。於聽取教育部朱部長對私立學校的輔導報告後提示：關於私立大專學校學生宿舍和餐廳的興建，希望行政院從政主管同志儘速解決，以示政府關懷之意。

十時四十分，在中央黨部見俞總裁國華。

十時五十八分，見梁主任孝煌。

6月4日　星期四

下午

四時〇七分，在府見外交部錢次長復。

四時四十一分，見蔣秘書長彥士。

五時二十四分，見馬秘書長紀壯。

6月5日　星期五

上午

十一時〇七分，蒞臨金門前線，祝賀軍民端節快樂。

中午

十二時〇二分，在擎天峰與軍政幹部共進午餐。詢問這次降雨量對農作物的影響，並分贈自強錶筆給他們，嘉勉大家對建設和防務的辛勞；同時勉勵大家在勤儉建國的目標下，同心協力，執行自己應該完成的任務。

下午

二時十三分，飛抵澎湖，向防區軍民賀節。

二時三十六分，至澎防部聽取軍事簡報。

三時〇九分，至澎湖縣政府巡視，曾就飲水及基層建設情形等，向縣長謝有溫垂詢甚詳。

三時三十分，巡視陸軍第一六八師師部。

三時五十分後，巡視了東衛及成功兩水庫。

四時二十五分，乘機返北。

6月6日　星期六　端午節

上午

九時五十六分，至慈湖恭向蔣公陵寢行禮致敬。

十一時十分，至府辦公。

十一時三十五分，親臨府前廣場，接見二百多位自宜蘭、羅東來府致敬的殘障青年，和他們親切握手問好，然後離去。

6月7日 星期日

今日各報均載（根據中央社布魯塞爾五日專電）總統於月前答覆比利時「最新消息」報資深記者毛瑞斯訪問時指出，匪偽崩潰跡象明顯，證明共產主義不適於中國，且已為大陸同胞所唾棄。並且強調三民主義重返大陸是依靠人民的力量。

下午

四時五十五分，在大直寓所見孫院長運璿。

答覆比利時「最新消息」報資深記者毛瑞斯訪問

一、

問：總統先生，近來貴國經建成就驚人，按目前經濟情況，閣下是否認為能持續向前發展？

答：為因應能源危機的新情勢，一九八〇年代中華民國的經濟發展策略，是要善用我國經濟的有利因素，教育普及的成就及高品質的豐富人力資源，發展使用能源比較少，技術人力較多的技術密集工業，根據以往經驗，我們未來十年設計的每年經濟成長率七．九%的目標，將可達成。

二、

問：閣下是否認為北平政權可能崩潰？

答：臺灣海峽兩岸經過卅多年來推行兩種不同制度的結果，自由中國的國民享受三民主義的自由民主物資豐裕的生活，大陸同胞卻在貧乏恐怖中生活，充份證明共產主義不適於中國，且已為大陸同胞所唾棄。今天大陸出現所謂「三信」危機（也就是失去了對共產主義的信仰、對共產黨的信心、對中共政權的信任），人民普遍產生變天思想，以及質問中共「為何趕不上臺灣？」就是中共政權崩潰瓦解的明顯跡象。

三、

問：設若可能，閣下是否認為貴國軍隊能重返大陸？

答：今天中華民國政府與人民所奮鬥的方向，是在讓所有中國人對於兩種制度的優劣及其實施成效有明確的認識，從而形成歸向與認同我們的民心，本人認為只有人民的力量，才是真正的力量，三民主義重返大陸是依靠人民的力量，而非依靠我們目前用以保衛復興基地、自由、繁榮與安全的有限武力。

四、

問：目前共黨份子在中華民國之滲透是否構成威脅？

答：自中美停止外交關係後，中共自中央以至地方，普遍設立所謂「對臺工作機構」，俾一方面開展有形的統戰，另一方面即從事無形的滲透，並利用地域觀念，對所謂「臺獨」活動推波助瀾。惟因中華民國在臺灣復興基地之一千七百萬人民，鑒於大陸同胞的痛苦經驗，無不堅決反共，在民眾普遍監視下，一有活動立即被發現破獲，且目前我們政府對於中共欲利用「臺獨」達致滲透之陰謀，已密切注意，有效掌握，自不足以構成威脅。

五、

問：設若共軍武力侵犯中華民國，貴國能否確保？

答：就純軍事觀點來說，現代海島攻防作戰，進攻者除需絕對優勢兵力外，尚須徹底掌握制海與制空權。中共在這些方面，目前都無法達到。就戰鬥意志來說，中華民國全國軍民都有與這塊自由樂土共存亡之決心，而共軍則因受「三信」危機的影響，毫無戰志可言。雙方優劣勝負之勢，不戰已至明顯。長期以來，中共始終未敢以武力侵犯我國之原因即在此。

六、

問：若干消息透露，一九八〇年大陸與臺灣雙方貿易額超過兩億美元，亦即三年前之三倍，並謂銀行之間可能訂立協定以利雙方貿易，上述種種，是否趨向正當化之跡象？

答：我們的基本政策是決不與中共接觸，亦絕不與中共統治下的商業機構通商，當然更不會訂立任何銀行之間的協定。由於我對外貿易總額本年已近四百億美元，與我有貿易來往的國家和地區超過一百四十個，難免有若干商品經由第三國進入大陸，我們無法控制，但絕非直接貿易。

七、

問：對於國內重大建設之進展，閣下是否滿意？

答：自六十三年開始的十項建設，已於前年先後順利完成，對於創造繁榮，裨益民生，曾有很大的貢獻。接著推行十二項建設，投資範圍從經濟推廣到社會和文化層面，目前進展順利，令人滿意。

6月8日　星期一

上午

十時三十分，在府見孫院長運璿、馬秘書長紀壯。

十時五十三分後，分別見王主任昇、榮工處嚴處長孝章、宋局長楚瑜、高部長魁元、宋總長長志、鄭副部長為元、馬秘書長紀壯。

下午

二時五十三分，至圓山飯店理髮。

三時四十二分後，在府分別見俞總裁國華、駐烏拉圭大使夏功權、駐舊金山辦事處處長鍾湖濱、研考會魏主任委員鏞、蔣秘書長彥士、馬秘書長紀壯。

6月9日　星期二

上午

九時〇九分，在中央黨部見蔣秘書長彥士。

九時十四分，見秦主任委員孝儀。

九時四十五分後，分別見立法委員程烈、莫萱元、張子揚、吳延環。

下午

三時四十五分起，在中央黨部分別見立法委員侯庭督、郭登敖、呂學儀、趙惠謨、陸京士。

六時〇四分，見秦主任委員孝儀。

六時十二分，見馬秘書長紀壯。

6月10日　星期三

上午

八時四十二分，在中央黨部見蔣秘書長彥士。

九時，主持中常會。會後，分別見倪院長文亞、林主席洋港、秦主任委員孝儀。

十一時二十五分，在府見張副秘書長祖詒。

下午

四時五十分，在府見沈秘書長昌煥。

五時四十九分，見馬秘書長紀壯。

6月11日　星期四

下午

四時十七分起，在中央黨部分別見立法委員汪寶瑄、劉金約、林坤鐘、謝深山、黃澤青、洪昭男等。

五時五十三分，見蔣秘書長彥士。

晚

十時四十三分，偕同夫人蒞臨光復北路百壽堂故輔導會主任委員趙聚鈺靈堂致祭並慰問趙故主任委員夫人及家屬。（趙故主任委員靈柩今日由其家屬護運回國，暫厝於百壽堂。）

6月12日　星期五

上午

在大直寓所，先後見榮民總醫院姜必寧大夫、榮工處處長嚴孝章。

下午

五時十五分，見馬秘書長紀壯。

五時三十八分，見宋總長長志。

五時五十四分，見蔣秘書長彥士。

6月13日　星期六

上午

九時五十四分，至圓山飯店理髮。

十時三十五分，在中央黨部見蔣秘書長彥士。

十時四十四分，見錢次長復。

十一時十七分，見監察委員王爵榮。

十一時三十五分，見宋局長楚瑜。

下午

在大直寓所見孫院長運璿。

6月14日　星期日

下午

五時，在大直寓所見黃院長少谷。

6月15日　星期一

上午

九時五十五分，乘機赴高雄。

十一時〇一分，抵高雄圓山飯店。

下午

三時四十六分，抵達中正國防幹部預備學校，聽取校務簡報，巡視校區及參觀各項教學設備。然後走到操場，向正作體育活動的全校四千多位學生講話，對他們精神飽滿，活潑健康，表示非常高興，並期勉他們要好好用功，努力學習。

五時二十九分，巡視澄清湖先總統蔣公行邸，然後赴圓山飯店。

晚

九時二十七分，抵陸軍官校之黃埔賓館。

6月16日　星期二

上午

九時三十分，在黃埔賓館與黃埔早期老師二十二位共進早餐。

十時，主持陸軍官校五十七週年及中正國防幹部預備學校五週年聯合校慶典禮。期勉全體師生，把握革命傳統，實踐五大信念，以「勤儉建軍」為表率，帶動整個社會「勤儉建國」的中興氣象。

中午

在官校餐廳，與全體師生及來賓們會餐，並致詞勉勵黃埔師生和國軍官兵，發揚黃埔精神，再接再勵，奮發精進，完成建國七十年代的神聖使命。

十二時五十二分，自高雄乘機返北。

6 月 17 日　星期三

上午

八時二十六分，在中央黨部見蔣秘書長彥士。

八時四十八分，見秦主任委員孝儀。

九時，主持中常會。通過楊金欉出任高雄市長、閻振興出任原子委員會主任委員。

會後，先後見宋局長楚瑜、黃院長少谷、錢次長復。

十一時十二分，在府見秦主任委員孝儀。

十一時十六分，接見多明尼加參議院議長貝拉達等三人。

十一時四十四分，見駐海地大使李南興。

十一時四十九分，見馬秘書長紀壯。

十一時五十二分，見亞東關係協會駐日代表馬樹禮。

中午

十二時，見國策顧問魏景蒙。

6月18日　星期四

上午

九時二十一分，在府見宋總長長志。

九時四十分，分三批見軍方調職人員陸軍中將游傑士等二十八人。

十時四十五分，見馬秘書長紀壯。

十一時十五分，見汪顧問道淵。

下午

四時，在府見新任國防部副部長張國英。

四時三十五分，接見沙烏地阿拉伯王國國防暨航空部參謀總長哈邁德上將等六人。

四時五十九分，見俞總裁國華。

五時五十三分，見沈秘書長昌煥。

6月19日　星期五

下午

四時〇四分，至榮民總醫院眼科作檢查。

五時五十五分，再至牙科作檢查。

6月20日　星期六

上午

十時十六分，至圓山飯店理髮。

十一時十一分，在府見馬秘書長紀壯及張副秘書長祖詒。

6月21日　星期日

下午

三時五十分，在大直寓所見秦主任委員孝儀。

四時五十九分，見蔣秘書長彥士。

6月22日　星期一

【無記載】

6月23日　星期二

上午

九時二十四分，見張副秘書長祖詒。

十時，主持財經會談，並作指示：銀行界應繼續採取有效的配合措施，來促進投資，以保持我國經濟的穩定與成長；有關單位應積極研擬有效對策，切實改進農產品產銷制度，以協助農民增進收益，並減輕都市消費者的負擔。

十一時三十分，見孫院長運璿。

十一時五十二分，見馬秘書長紀壯。

下午

三時五十五分起，先後至榮民總醫院眼科及牙科作檢查。

財經會談指示

一、國家的經濟政策，都有其時代背景以及不同的環境，因此各項措施應保持彈性和機動性，並應同時兼顧理論與事實。銀行界必須以服務工商業為職責的精神，繼續採取有效的配合措施，來促進投資，以保持我國經濟的穩定與成長。

二、國家賠償法預定自七月一日開始實施，該法的制定、頒佈與施行，不僅關係人民權益的保障，也關係公務人員執行職務的效能。目前經濟活動範圍日益擴大，政府財經機構與民間在經濟事務上的接觸極為頻繁，深望國人及有關單位均能在誠信基礎上審慎從事，使國家賠償法的實施，既能保障民眾權益，提昇政治品質，也能增進經濟的效率。

三、最近紡織及塑膠加工業產品出口仍有困難，該兩業為我國出口主力，其消長對我國經濟成長與就業影響至鉅，今後希對其上游石化基本原料及中間原料價格的訂定，除考慮成本因素外，尚須顧及下游加工業的出口競爭能力。

四、月來都市地區蔬菜，價格上升，與產地價格間差距擴大，除受梅雨及颱風侵襲致使供應短缺的影響外，農產運銷制度仍未臻於健全，亦為重要因素之一。有關單位應積極研擬有效對策，切實改進農產品產銷制度，以助農民增進收益，並減輕都市消費者的負擔。行政院在北部地區闢菜圃多種蔬菜的可行性，應加以研究。

6月24日　星期三

上午

八時三十五分，在中央黨部見蔣秘書長彥士。

九時，主持中常會。

九時四十六分，見新任高雄市市長楊金欉。

十時二十分，見國家安全局副局長周菊村。

下午

三時四十分，在大直寓所見榮民總醫院眼科主任林和鳴。

6 月 25 日　星期四

【無記載】

6 月 26 日　星期五

上午

九時二十五分，在府見馬秘書長紀壯。

十時，主持國父紀念月會。新任輔導會主任委員鄭為元、國防部副部長張國英、駐烏拉圭大使夏功權、行政院新聞局局長宋楚瑜（改為政務官）、行政院衛生署署長許子秋、高雄市市長楊金欉等在會中舉行宣誓，由總統為之監誓。隨後行政院主計長鍾時益報告了「七十一年度中央政府總預算內容分析」。

十時三十分，見張資政寶樹。

6 月 27 日　星期六

下午

三時四十五分，至榮民總醫院眼科作檢查。

6月28日 星期日

下午

一時五十五分，至中正機場貴賓室，迎接新加坡總理李光耀夫婦，並陪同渠等至圓山飯店。

6月29日 星期一

上午

七時二十分，與夫人至光復北路百壽堂，祭悼行政院國軍退除役官兵輔導委員會故主任委員趙聚鈺，祭後環繞靈柩一週，並慰問了趙故主任委員的家屬。

下午

四時十九分，至圓山飯店會晤新加坡總理李光耀。

五時十二分，送李光耀夫婦至桃園中正機場後即返北。

6月30日 星期二

上午

八時二十一分，至圓山飯店理髮。

九時二十四分，在府見孫院長運璿。

十時，主持軍事會談。

十一時二十五分，見北美事務協調委員會駐舊金山辦事處處長鍾湖濱。

7月1日　星期三

上午

八時二十九分，在中央黨部見蔣秘書長彥士。

九時，主持中常會。會後，見黨史會秦主任委員孝儀、臺灣省黨部宋主任委員時選。

下午

五時，在大直寓所，以茶會款待克萊恩夫婦。

7月2日　星期四

上午

八時，在三軍大學與該校應屆畢業學官共進早餐，並以「信賴主義真理」為題，闡釋先總統蔣公民國六十年日記摘鈔，勉勵全體學官，體認蔣公精神修養與革命哲學，堅持對主義、對真理的信仰信賴。

下午

四時二十四分，在大直寓所見秦主任委員孝儀。

四時四十一分，抵榮民總醫院，由孝勇先生陪同至眼科檢查。

報章所載蔣中正日記摘鈔原文

今年一年之中，不知有多少試煉、危險與恥辱，等在我的前頭，要等我戰鬥忍耐去洗刷。

一元復始，萬象更新，物極必反，否極泰來，此為今後國運之趨勢也。

個性是在磨難中培養而成的，你倘能正確和欣然接受悲哀和滿苦，它就能發揮培養人格的豐富影響力。

沉默和自制的寧靜力量，是信仰所賜予的，讓人們去毀謗侮辱罷了，天理自然會給我帶來應付的辦法。

堅持就是勝利，奮鬥就是成功，但堅持到底，並非等待之意；奮鬥乃是持志養氣，始終不懈之意耳。

是非求之於心，毀譽聽之於人，得失憑之於天，此為我國政治思想之傳統也。

逆水行舟與逆來順受之意，兩不相違，此為余一生之經歷也。

權位與責任相聯，有權就要負責，過去幹部有權不能用、有責不敢負、只爭權位、而不知負責之舊習，應立即戒除之。

我高級幹部舊的習慣，總是粗枝大葉，不勤細務。因之，瑣細事務，不能不由我來提醒，使大家能加以注意，並使大家能知道：為將者，必須克勤細務，綜理密微，來為所部表率。雖我明知這非我份內之事，但是如不提醒，大家更會忽略不做了。

巴頓將軍說：「戰爭只有三個原則，大膽、大膽、大膽。」我則說：「戰爭只有進攻、進攻、再進攻，」其意義實相同也。拿破崙說：「若要戰爭勝利，一個指揮官必須集中兵力，確保主動，先發制人，決心寧死不退。」此必須以國家利害得失為基礎也。

巴頓的靈活參謀群的特色：不尚虛表，無推、拖、拉的惡習，每作一件事，均有其實際目的。巴頓最恨作表面功夫，與虛偽的部下，他只喜歡一件事，就是講求實效。

我們的訓練：

一、練信仰三民主義。

二、練堅決反共。

三、練團隊合作。

四、練體力。

五、練團結精神與愛國革命情操。

六、練身先士卒，向敵人衝鋒。

當此世局紊亂、公理掃地、是非不明之際，吾人惟有靜觀待機，力圖自保，以定制動，必能獲得最後勝利。若一悲觀憂困，則必自陷泥淖而不能自拔。

自由世界的經濟與政治制度，皆有研究之必要，惟我三民主義乃可補救其弱點也。

我們不怕孤立，而怕不能獨立。革命軍總是孤軍奮鬥出來的，並不是依賴外人援助而成事的。依賴只有被輕視、利用與出賣，最後受到恥辱失敗而已。此乃我國民革命歷史之明證。

中流砥柱與孤軍奮鬥之古訓，乃是光榮的孤立，此我所以不怕孤立，而只怕苟全之恥辱求存也。

魔術雖在一時之間，身高十丈，但不久總會為正道所克服，消滅於無形。克服人性的弱點，只有永懷希望之心，信賴主義。

共匪最後自相殘殺，絕無疑問，以其只有個人自私自利的唯物主義，而無共利共存的仁愛道義。匪俄皆怕兩面作戰，故我們只要自立求生，不怕無隙可乘也，大丈夫能屈能伸，只要忍辱負重待時乘機而已。

此為黑暗之時期，痛苦之時期，乃不是恥辱，而是光明在望的時機，自問內心毫無愧色，乃是我否極泰來、奮發圖強、打破艱危之時，但心神之煎熬可謂極矣。

只要留得青山在，何患冬過春不來。

此為最黑暗之時期，但余對光復大陸之信心，毫不動搖，且有增無已，因確信真理和我同在也。

7月3日　星期五

下午

四時三十二分起，在大直寓所先後見沈秘書長昌煥、馬秘書長紀壯。

7月4日　星期六

上午

十時四十二分，在府見外交部次長錢復。

十一時，接見美國眾議員齊絲荷及其夫婿郝維克等二人。

十一時二十五分，見民航局局長毛瀛初。

十一時三十分，接見薩爾瓦多共和國國防暨公安部長賈西亞夫婦。

中午

十二時〇七分，見馬秘書長紀壯。

下午

三時四十五分，在大直寓所見榮民總醫院眼科主任林和鳴。

四時五十五分，見蔣秘書長彥士。

七時五十七分，見俞總裁國華。

7月5日　星期日

下午

四時五十六分，在大直寓所見孫院長運璿。

7月6日　星期一

下午

三時四十三分，在大直寓所見林主任和鳴。

7月7日　星期二

上午

九時〇二分，至圓山飯店理髮。

十時，主持財經會談。指示財政部加強改進證券業務，積極推動證券市場的發展；經濟部也應積極輔導中小企業健全成長，並在維持有秩序出口鞋類的同時，嚴加檢查鞋類的品質。會後，見孫院長運璿。

十一時三十九分，見宋總長長志。

十一時五十七分，見馬秘書長紀壯。

下午

四時二十八分，在大直寓所見林主任和鳴。

財經會談指示

一、今年的國建會，在民國七十年代開始的時際舉行，意義格外重大，希望與會學者專家，無分海內海外，同心協力，以專精的知識與經驗，就不同的層面，針對當前及未來可能遭遇到的問題，以及未來發展的方向，提出寶貴的建言，以供政府今後從事國家建設開創新局面的參考。

二、我國經濟規模日趨擴大，工商企業對中長期資金的需求，倍於往昔。一個健全發展的資本市場，也更見重要。最近證券管理委員會已由經濟部轉移財政部管轄，希把握時機，加強改進證券業務，以達到資本證券化，證券大眾化之目標；並應積極推動債券市場的發展，使資本市場日見活潑與健全，以發揮溝通儲蓄與投資的功能。

三、中小型企業在我國未來經濟發展過程中，仍將佔有重要地位。目前中小型企業雖有不少具備發展潛力，但大多因規模過小，資金缺乏，或因經營管理的不善，而欠健全，有待輔導改正。

經濟部已增設中小企業處，應即針對其缺點及優點，積極加以輔導，使其日趨健全，並能配合具有規模的工業相輔相成，使國內工業益見發達。最近中央銀行已指撥專款，以供轉貸中小型企業之用，當有助於中小型企業融資管道的貫通，希望中小型企業能妥善利用，來促進事業的成長。

四、對未來農業發展，仍應在貫徹農工並重的政策下，積極以農業科學化、機械化及農產運銷合理化為目標，繼續努力，增加農業生產，提高農民收益，並加速農村建設的推進。

五、最近美國決定取消對我國非橡膠鞋類的設限，是一項睿智的決定，也是美國政府主張自由貿易原則的具體表現，深為佩慰。但我們仍須有計畫、有秩序的推展鞋類的出口，經濟部尤應對出口鞋類的品質嚴加檢查與督導，務使藉品質的提高，能長期維持美國的市場。

7月8日　星期三

上午

八時四十五分，在中央黨部見孫院長運璿、馬秘書長紀壯、蔣秘書長彥士。

九時，主持中常會。研讀先總統蔣公日記摘鈔二十則，並即席指出，這是我們「否極泰來、奮發圖強」的精神指引和努力方向。期勉全黨同志深切體認，共同實踐。

會後，見倪院長文亞。

十一時〇六分，見蔣秘書長彥士、林主席洋港、梁主任孝煌、宋主任委員時選、臺灣省黨部副主任委員謝又華。

下午

四時四十三分，至榮民總醫院眼科檢查。

7月9日　星期四

【無記載】

7月10日　星期五

下午

三時二十六分，在大直寓所見林主任和鳴。

五時三十三分，見宋局長楚瑜。

7月11日　星期六

上午

九時三十八分起，在府分別見馬秘書長紀壯、中央日報董事長曹聖芬、輔導會鄭主任委員為元、張秘書長家俊、薛前大使人仰、董大使宗山、李顧問文凱、張副秘書長祖詒、蔣秘書長彥士等。

7月12日　星期日

下午

四時五十二分，在大直寓所見孫院長運璿。

7月13日　星期一

下午

五時，在大直寓所見蔣秘書長彥士。

六時〇二分，見馬秘書長紀壯。

7月14日　星期二

上午

八時二十分，至圓山飯店理髮。

九時〇七分，在府見宋總長長志。

九時四十七分，見沈秘書長昌煥。

十時，主持座談。參加者有嚴前總統家淦、孫院長運璿、黃院長少谷、馬秘書長紀壯、沈秘書長昌煥、蔣秘書長彥士、袁常委守謙、朱部長撫松（錢次長復代）、高部長魁元、宋總長長志。
十一時〇五分，見張副秘書長祖詒。
十一時三十分，接見史瓦濟蘭王國副總理恩西班則。

下午
三時二十九分，在大直寓所見林主任和鳴。
五時十二分，見汪顧問道淵。

7月15日　星期三

上午
八時十六分，在中央黨部見蔣秘書長彥士。
九時，主持中常會。提示全體黨員，當前國際情勢異常複雜而多變化，今後我們必須切實振作「堅忍自強」的精神，努力勤儉建國，從加強自我奮鬥與自身力量，來創造有利的情勢。並且深信今後中、美兩國共同有利的關係，必將隨時間逐步改進。會後，分別見俞總裁國華、中國時報余董事長紀忠、黨史會秦主任委員孝儀、蔣秘書長彥士。

下午
四時十五分，由孝勇先生陪同，至榮民總醫院眼科檢查。

7月16日　星期四

下午

四時十八分，在府見馬秘書長紀壯及第三局局長陳履元。

五時，在國防部兵棋室，聽取簡報。

五時四十五分，見孫院長運璿。

五時五十一分，見行政院駐美採購團主任兼軍資組組長溫哈熊。

六時〇一分，見馬秘書長紀壯。

7月17日　星期五

下午

三時四十七分，在大直寓所見林主任和鳴。

7月18日　星期六

上午

九時三十分，至圓山飯店理髮。

十時十九分，在府見馬秘書長紀壯及汪顧問道淵。

下午

四時，在臺北賓館舉行茶會，招待參加七十年國家建設研究會全體人員和眷屬。並且致詞指出，在中華民國七十年代中，我們奮鬥的一大目標，就是貫徹以三民主義統一中國。希望大家秉持學術報國的情操，隨時多多提供寶貴意見。

五時十五分，在大直寓所見馬秘書長紀壯。

招待參加七十年國家建設研究會全體人員和眷屬茶會致詞

政府每年舉辦國家建設研究會，一直都是懷著真摯、誠懇和期盼的心情，歡迎各方面的學者、專家，共商國家建設的大計。行政院負責策劃和籌備的工作，始終也是以極為慎重的態度來處理，目的都是為了集思廣益，群策群力，以求國家的進步。只是考慮大家的方便，每年都是選在暑假期間舉行，以致使得各位在炎夏之中，備嘗辛勞，經國首先要向各位表示由衷的謝意和歉意。

今年適逢中華民國建國七十年，大家都有一個共信：這不僅是一個新年代的開始，更必是三民主義勝利年代的來臨。在這個七十年代中，我們國家奮鬥的一大目標，也是所有中國人共同的心願，就是貫徹以三民主義統一中國。因之，今年國家建設研究會於此時際舉行，意義格外重大，而如何與此一大目標密切結合，相信也是今年國建會所要研議的中心課題。

我們的共信，來自三十多年的實證經驗，中華民國在復興基地實踐三民主義獲致的成果，和大陸共黨實施馬列主義的失敗，形成了繁榮與貧窮、進步與落後、仁政與暴政的強烈對比，證明了三民主義是中國唯一可行的道路，不但符合中國人的理想、文化與生活方式，更能迎合未來中國的發展需要。

貫徹以三民主義統一中國的時代使命，是需要所有中國人戮力同心、協力以赴的時代任務，所以必須從多方面來積極推進。

第一、我們應著眼於大陸——激起大陸同胞發出「三民主義救中國、共產主義禍中國」的共鳴，隨之以行動加速消滅共產邪說，摧毀共產暴政。

第二、我們應著眼於海外——號召海外同胞響應三民主義統一中國的運動，並且促使國際人士都能瞭解，只有一個三民主義的新中國，才能有助於亞洲和世界的持久和平。

第三、我們當然也應著眼於復興基地——繼續強化團結，加速國家建設，使我們的政治更安定，經濟更繁榮，社會更和諧，國防更充實，科技更昌明，教育文化更蓬勃，做好我們共同目標——三民主義統一中國的各項準備。

基於這三方面的要求，全體中國人都應從各個崗位、各種途徑提供智慧與力量，來促使這一共同目標的早日實現。歷屆國建會的同仁，都是學有專精的一時俊彥，各位參加國建會，不只是參與了一項會議的研討，而是參與了國家前途的創造設計，加入了復國建國的偉大行列。所以希望諸位不論在會議期間，或在會議之後，秉持學術報國的情操與獻身愛國的熱忱，隨時多多提供寶貴意見，使我們國家建設的革新進步、三民主義統一中國的貫徹推行，盛大壯闊的向前邁進。

誠然，貫徹以三民主義統一中國的大業，經緯萬端，任重而道遠。但是先總統蔣公昭示我們：「堅持就是勝利，奮鬥就是成功」，今天我們所堅持的憑藉，就是三民主義在復興基地實踐的具體成果，獲得全民的共識；我們所奮鬥的方向，要重建自由、民主、平等的三民主義新中國，乃是全民的共願。因之，只要我們堅持到底，奮鬥不懈，就必然能夠衝破任何障礙，克服任何困難，邁向最後的勝利成功！

讓我們同為這光輝燦爛的中華民國七十年代祝福，也讓我們同為實現我們的理想而努力。

敬祝各位身體健康！精神愉快！

謝謝各位。

7 月 19 日　星期日

下午

四時三十分，在大直寓所見蔣秘書長彥士。

五時三十四分，見孫院長運璿。

7 月 20 日　星期一

下午

五時三十六分，在大直寓所見汪顧問道淵。

7 月 21 日　星期二

上午

九時十五分，在府見馬副參謀總長安瀾。

九時三十分，見張副秘書長祖詒。

十時，主持財經會談。要求財政部檢討改進現行所得稅制，務求稅負公平合理。期望全國企業界人士，加強對經濟轉形期中多變情勢的因應能力，敏於發掘投資機會。並指示交通主管單位，積極改善現有都市運輸系統，及研究推動大眾捷運系統。

十一時五十分，見馬秘書長紀壯。

財經會談指示

一、國建會已於昨日圓滿閉幕，關於經濟方面，由該會經濟組中工商、交通、農業、財稅四小組提出之建議，甚具價值，希行政院速加整理研究，凡對促進國家經濟建設及工業發展各項，均應予以採納，切實付諸實施。

二、今年上半年我國經濟因受國際景氣不振影響，出口擴張減緩，民間投資意願低落，使上半年經濟成長低於計畫目標，惟目前物價已漸有回穩之勢。展望下半年，國際油價可望持續穩定，世界景氣亦將緩慢復甦，希望政府與業者密切合作，共同致力於拓展輸出，尤其注意美國以外地區的出口推廣，以促進國內景氣的早日復甦。

三、關於民間投資意願低落，除受國際景氣不振影響外，部分民間企業家面對經濟轉形期中複雜多變的情勢，其因應能力亦有待加強。為克服當前經濟問題，及因應七十年代我國工業升級的要求，除政府應採有效配合措施外，深盼全國企業界人士能勤於吸收新知，敏於發掘新的投資機會，並勇於擔負起其應有的社會責任，共同為創造一個繁榮富足、安和的社會而積極努力。

四、政府現行所得稅制度，旨在發揮量能課稅的原則，實現均富理想。此一制度對促進所得分配公平，已多所貢獻。惟近兩年來，物價漲幅較大，致影響稅負之公正分配。現財政部正進行所得稅法修訂工作，希對此一問題作深入之檢討與改進，務求公平合理，並有助於經濟的穩定與繁榮。

五、近年來都市地區交通日益擁擠，影響交通秩序與大眾通勤甚巨。交通主管單位除應積極改善現有都市運輸系統，提高服務品質，使民眾樂於搭乘公車外，並須加強改進監理業務，勸導國民遵守行車秩序；另方面，大眾捷運系統亦應研究推動，以期改善都會區之交通問題。

7月22日 星期三

上午

八時二十二分，在中央黨部見蔣秘書長彥士。

九時，主持中常會，聽取組織工作報告。

九時四十六分，見嚴常委靜波先生。

九時五十八分，見秦主任委員孝儀。

十時三十分，接見法國獨立人士暨農民中間黨主席馬樂、副主席戴顧等六人。

十一時十二分，見蔣秘書長彥士。

下午

四時二十分，至榮民總醫院眼科檢查。

7月23日 星期四

上午

十時二十二分，在府見馬秘書長紀壯。

十時五十八分，見聯合工業研究院董事長徐賢修。
十一時二十七分，見馬副總長安瀾。
十一時三十八分，在中央黨部見蔣秘書長彥士。

下午
四時五十分，在大直寓所見沈秘書長昌煥。
七時四十分，見宋局長楚瑜。

7月24日　星期五

上午
九時二十分，在府見馬秘書長紀壯。
十時，主持國父紀念月會。新任駐瓜地馬拉共和國大使陸以正在會中宣誓，由總統為之監誓。並由臺灣省政府主席林洋港報告「臺灣省政當前重要措施」。
十時三十七分，見孫院長運璿。
十一時〇七分，見駐瓜地馬拉大使陸以正。
十一時三十三分，見沈秘書長昌煥。
十一時五十六分，見馬秘書長紀壯。

下午
三時五十五分，在大直寓所見余博士南庚、林主任和鳴。
四時五十六分，見沈秘書長昌煥。

7月25日　星期六

下午
五時二十五分，在大直寓所見俞總裁國華。

7 月 26 日　星期日

下午

四時五十分，在大直寓所見蔣秘書長彥士。

7 月 27 日　星期一

上午

九時五十八分，至圓山飯店理髮。

十時四十三分起，在府分別見汪顧問道淵、朱部長撫松、馬秘書長紀壯、秦主任委員孝儀。

下午

三時五十四分，至榮民總醫院眼科檢查。

7 月 28 日　星期二

下午

七時五十二分，在大直寓所見宋主任委員時選。

7 月 29 日　星期三

上午

九時，主持中常會。

十一時十二分，約集孫院長運璿、馬秘書長紀壯、沈秘書長昌煥、蔣秘書長彥士、高部長魁元等晤談。

十一時二十五分，見秦主任委員孝儀。

十一時五十分，住入榮民總醫院第六病房。

下午

三時二十分，接受眼科手術治療，於五時十五分完成，經過情形一切良好。

7月30日　星期四

下午

六時十分，在榮民總醫院見秦主任委員孝儀。

7月31日　星期五

下午

五時五十分，在榮民總醫院見孫院長運璿及馬秘書長紀壯。

8月1日　星期六

【無記載】

8月2日　星期日

下午

四時二十分，在榮民總醫院見魏顧問景蒙。

七時，見秦主任委員孝儀。

8月3日　星期一

上午

八時五十四分，在榮民總醫院見俞總裁國華。

下午

四時十五分，在榮民總醫院中央大樓作電腦斷層檢查，歷時二十五分鐘。

五時三十四分，見輔導會鄭主任委員為元。

六時〇五分，見蔣秘書長彥士。

8月4日　星期二

上午

九時，出院返回大直寓所，並接受醫生們的意見，繼續作適當的休養。出院前，對醫師與護理人員的辛勞，曾分別向他們道謝。又因連日收到全國同胞、各界人士表達關懷問候的許多函電，也表示萬分的謝意。

8 月 5 日　星期三

上午

十時十九分，至圓山飯店理髮。

十時五十分，返回大直寓所。

8 月 6 日　星期四

下午

五時〇七分，在大直寓所見蔣秘書長彥士。

8 月 7 日　星期五

下午

四時四十五分，在大直寓所舉行茶會，約聚余博士南庚夫婦、孫院長運璿夫婦、俞總裁國華夫婦、馬秘書長紀壯夫婦、沈秘書長昌煥夫婦、蔣孝武先生及蔣孝勇先生夫婦等。

8 月 8 日　星期六

【無記載】

8 月 9 日　星期日

下午

四時二十六分，在大直寓所見蔣秘書長彥士。

8 月 10 日　星期一

上午

九時四十七分，在大直寓所見副參謀總長馬安瀾、空軍總司令烏鉞及總政治作戰部主任王昇。

十一時〇九分，至圓山飯店理髮。

十一時三十五分，返大直寓所。

下午

四時四十五分，見國策顧問魏景蒙。

8 月 11 日　星期二

下午

三時五十分，在大直寓所見馬秘書長紀壯、孫院長運璿及俞總裁國華。

四時五十五分，見沈秘書長昌煥。

七時五十分，見宋主任委員時選。

8 月 12 日　星期三

晨

五時五十分，在大直寓所見空軍總司令烏鉞。

下午

五時十五分，在大直寓所見蔣秘書長彥士。

8 月 13 日　星期四

下午

三時五十五分，在大直寓所見黨史會秦主任委員孝儀。

8月14日　星期五

上午

九時四十五分，在大直寓所見文工會周主任應龍。

下午

三時五十八分，在大直寓所見馬秘書長紀壯。

五時三十分，見輸出入銀行董事長孫義宣。

8月15日　星期六

下午

四時五十分，在大直寓所見空軍總司令烏鉞。

8月16日　星期日

下午

四時五十五分，在大直寓所見蔣秘書長彥士。

8月17日　星期一

下午

三時五十分，至圓山飯店理髮。

四時十五分，自圓山飯店經士林、外雙溪、自強堡等地巡行後，返大直寓所。

8月18日　星期二

下午

四時五十八分，在大直寓所見榮民總醫院眼科主任林和鳴。

七時五十二分，見馬秘書長紀壯及警備總司令汪敬煦。

8月19日　星期三

上午

八時五十分，在中央黨部見蔣秘書長彥士。

九時，主持中常會。進入會場時，全體出列同志對主席眼疾手術後，迅即康復，紛紛起立鼓掌，表達內心興奮之忱。主席對於各界及全黨同志的關懷，一再表示謝意。今日在常會中，聽取邱創煥同志的「加速興建國宅」簡報；並通過核定高雄市第一屆市議員黨內提名之候選同志名單。常會後，分別見嚴前總統、秦主任委員孝儀、馬秘書長紀壯及周主任應龍。

下午

三時二十九分，在大直寓所見如榮民總醫院內科主任姜必寧、眼科主任林和鳴及副主任劉榮宏。

8月20日　星期四

下午

三時三十一分，在府見宋總長長志。

四時三十分，在府以茶會款待美國聯邦眾議員戴偉士夫婦、波尼爾及其未婚妻瑪莎小姐、柯林傑夫婦、熊維夫婦等一行八人。

五時二十六分起，先後見俞總裁國華、本府人事處長王堃和、張副秘書長祖詒。

8月21日　星期五

下午

四時，在府以茶會款待美國聯邦眾議院外交委員會查布洛基主席暨布魯裴德、方德里、安能錫歐、拉哥馬西諾四位眾議員夫婦以及隨員等一行十三人。並和他們就當前情勢以及中美雙方共同關切的問題，充分交換意見。（馬秘書長、沈秘書長、朱部長、宋總長、錢次長、關次長等作陪。）

五時二十四分，見汪顧問道淵。

8月22日　星期六

上午

十時三十一分，在府見謝副總統。

十時五十分，接見美國加州大學東亞研究所主任史卡拉匹諾。

中午

十二時十一分，見馬秘書長紀壯。

下午

四時二十四分，在大直寓所見孫院長運璿。

8月23日　星期日

下午

四時，在大直寓所見民航局長毛瀛初。

四時四十七分，見蔣秘書長彥士。

今天因獲悉我中華青棒隊在美贏得世界青棒大賽冠軍，特去電祝賀。

8月24日　星期一

上午

十時〇七分，在府見張副秘書長祖詒。

十一時，接見大韓民國新任駐華大使金鍾坤，並接受到任國書。

十一時二十九分，見空軍總司令烏鉞。

8月25日　星期二

上午

九時三十九分，在府見汪顧問道淵。

十時，主持財經會談。要求有關部門，全力穩定物價，協助工商界解決目前所遭遇的困難；並應積極解決國宅建設失衡的現象。此外，能否在都市附近開發「蔬菜專業區」，請行政院深入研究。會談後，見孫院長運璿。

下午

四時三十分，在府見臺北市長李登輝。

四時五十八分，見外賓克萊恩。

五時五十九分，見宋總長長志。

財經會談指示

一、鑒於年來美元對世界各重要貨幣的大幅升值，造成我國對於歐、日二地出口的困難，外匯交易中心日前已調整新臺幣對美元的匯率為三八比一，這一措施雖短期內將有助於激勵出口，但從整體及長期經濟發展觀點而言，政府有關部門仍應採取必要的配合行動，以全力穩定物價；對於工商界目前所遭遇的困難，並應深入加以研究，協助解決。同時亦盼業者務必致力改善品質，提高其生產力，使能長期確保我國外銷產品的國際競爭能力。

二、近年來各項公共投資建設的推動與完成，對於維持我國經濟成長及工業升級，裨益良多，但為加強生產性投資，民間投資亦甚重要，應多予鼓勵與獎掖。目前研擬中的四年經建計劃，應同時衡酌國內外資源條件，對公共部門的投資慎加檢討與評估，務使有限的能源能用於最有效的途徑。

二、政府為解決國民居住問題，將籌建國民住宅列為十二項重要建設之一，但目前住宅部門顯然發生了結構性失衡的現象，一方面是中等所得家庭欲購屋而不得，另一方面卻有許多價格高昂的空屋存在。今後應根據經建計畫，積極推動國民住宅的籌建，並研擬配合措施，以鼓勵民間投資興建國民住宅；同時協助一般國民購買，來改善國民居住環境。

四、每屆暑期，蔬菜稀缺，又因颱風乾旱等特殊原因，使蔬菜的供應更感缺乏，常為造成夏季食物類物價波動主要原因之一。能否在都市附近開發「蔬菜專業區」，同時解決其冷藏、運銷及包裝等問題，以充裕蔬菜的來源。請行政院深入研究，將來並由農發會負責輔導開發，必要時並可由加速農村開發經費項下酌予資助。

8月26日　星期三

上午

八時三十八分，在中央黨部見蔣秘書長彥士。

九時，主持中常會。會中核定臺灣省縣市長、臺北市議員黨內提名第二梯次名單。會後，見司法院長黃少谷。

中午

十二時，在大直寓所見榮民總醫院眼科主任林和鳴和副主任劉榮宏。

下午

三時二十七分，見榮民總醫院內科主任姜必寧。

8月27日　星期四

下午

三時三十一分，在府見蔣秘書長彥士。

四時，以茶會款待參加「中華民國建國史討論會」之來自世界各國以及國內著名的歷史學家等一八一人，並作簡短講話。

四時五十分，主持座談。與會者有嚴前總統、孫院長運璿、黃院長少谷、馬秘書長紀壯、沈秘書長昌煥、蔣秘書長彥士、朱部長撫松、高部長魁元、宋總長長志等。座談後，再對孫院長、高部長、宋總長等，有所提示。

接待參加「中華民國建國史討論會」全體中外學者茶會講話

諸位女士、諸位先生：

「中華民國建國史討論會」在中華民國建國七十年的時候舉行，意義十分重大，而來自世界各國以及國內著名的歷史學家熱烈應邀參加，尤使此一純學術性的會議格外增加其價值。經國代表中華民國政府與人民，對所有與會的女士、先生，致最誠摯的歡迎和最高的敬意。

七十年前中華民國的開國，由我們國父孫中山先生基於三民主義的理想，在亞洲創立了第一個民主共和國，這不僅是中國歷史上的新紀元，也為世界歷史展開了新的一頁，對近代人類思潮更無疑產生了深遠的影響。而這一建國歷史，乃是中國人民在血和淚的交織中，犧牲無數生命、經歷無盡憂患所寫成，其間充滿了苦難與辛酸，也充滿了希望和光明。直到今日，我們仍在為著建設一個現代民主自由新中國的目標而繼續努力奮鬥。

相信諸位在客觀而深入的探討中，必已發現，中華民國為實現上述目標的建國途程中，曾經披荊斬棘，排除重重障礙，而最後一個、也是唯一的課題，則是如何清除馬列思想與共產制度在中國所造成的禍害，這一禍害使中華文化遭受空前的浩劫，使中國歷史陷入了最黑暗的時期。所幸我們已從過去的痛苦經驗中獲取教訓，我們深信必將能為我們民族的光輝、國家的前途，再創我們的康莊大道。這也就是歷史的貢獻，讓人們鑑往知來，對成功與失敗有所認識。

重視史學研究一向是中國文化中一項優良的傳統，所以政府雖在以往連年戰亂中，仍然竭盡力量，保存了相當豐富、也相當完整的第一手建國史料，這些第一手資料都是歷史最忠實的語言。我們誠懇歡迎國際間的歷史學者前來閱覽，多加參考，多加運用，讓正確的史料傳承時代，向後世的人說話，做歷史最好的見證。

8月28日　星期五

上午

九時四十六分，在府見張副秘書長祖詒。

十時，主持國父紀念月會。由臺北市長李登輝作市政工作報告——「提高臺北市民生活品質六年計畫」。會後，見孫院長運璿。

十一時，接見宏都拉斯海軍總司令蒙多亞夫婦。

十一時三十五分，見朱部長撫松、沈秘書長昌煥、宋總長長志。

下午

三時五十六分，在大直寓所見林主任和鳴。

五時二十九分，見蔣秘書長彥士。

8月29日　星期六

上午

十時五十分，在府見馬秘書長紀壯。

十一時，接見美國聯邦參議員葛倫夫婦等。

下午

四時五十五分，在大直寓所見沈秘書長昌煥。

六時〇九分，見宋總長長志。

8月30日　星期日

今晨獲悉我中華太平少棒隊在美國光榮衛冕成功，特去電祝賀。

下午

四時五十分，在大直寓所見孫院長運璿。

8月31日　星期一

上午

十一時，主持座談。與會者有孫院長運璿、馬秘書長紀壯、沈秘書長昌煥、蔣秘書長彥士、聯合報董事長王惕吾、中國時報董事長余紀忠、中央通訊社社長潘煥昆、中央日報社長姚朋等。

9月1日　星期二

上午

九時二十七分，見汪顧問道淵。

十時，主持軍事會談。

會談後，見孫院長運璿。

下午

四時〇二分，至榮民總醫院牙科檢查。

四時五十二分，在府見宋總長長志。

9月2日　星期三

上午

八時三十八分，在中央黨部見蔣秘書長彥士。

九時，主持中常會。續核定臺灣省縣市長及省議員選舉候選同志部分提名名單，計縣市長三人、省議員十二人。會後，分別見袁常委守謙、宋總長長志、秦主任委員孝儀。

下午

四時三十一分，抵達國軍文藝活動中心。

四時四十分，對今年當選的國軍英雄、莒光連隊長、優秀互助組長和敬軍模範等講話，勉勵國軍官兵絕不能以目前成就為滿足，必須加倍奮發圖強，認真實踐「勤儉建軍」，創造更大的成果，爭取更大的榮譽。講話後，見軍人之友社總幹事陳茂榜。

五時二十五分，在府接見美國參議員郝琴斯女士及其夫婿。

六時十分，見朱部長撫松。

對今年當選的國軍英雄、莒光連隊長、優秀互助組長和敬軍模範等講話

高部長、宋總長、各位同志：

明天（九月三日）是一年一度的軍人節，經國能夠有這個機會看到大家，向各位代表道賀，向三軍官兵致意，內心感到十分愉快。大家都知道，軍人節也就是抗戰勝利紀念日，這是我們早期的國軍官兵在偉大的民族領袖蔣公英明領導下用生命和鮮血鑄造出來的。所以，軍人節是我們國軍官兵最光榮的一個節日，也是我們國家民族最光榮的一個節日。

我們回顧一下歷史，可以清楚的看到，在中華民國的建國歷程上，國軍官兵一向擔負起保國衛民最重要的任務。過去是這樣，今後也必將是這樣。因此，我們慶祝軍人節，不但要緬懷既往，更要策勵來茲，繼續發揚國軍傳統的奮鬥精神，創造更偉大、更輝煌的光榮戰績，完成時代的使命。

多年以來，我們國軍官兵均能深切體認責任的重大和使命的艱鉅，在建軍備戰的工作上都有很大的進步和很多的成就。這不但保衛了我們的復興基地，使我們同胞能夠生活在今天這樣自由、安定、富足的環境之中；而且鼓舞了大陸同胞生存的希望和信心，激勵了大陸同胞反共的鬥志和決心，這是國軍官兵對國家民族的最大貢獻。今天，經國要藉此機會，代表全國同胞，向我國

軍官兵表示由衷的敬意。

今天在座的，有國軍英雄，有莒光連隊長，有優秀互助組長，也有社會各界的敬軍模範。當選為國軍英雄的同志，證明了各位個人的表現是超群而出眾的；當選為莒光連隊長的同志，證明了你那單位的成就是卓越而傑出的；當選為優秀互助組長的同志，證明了你們在促成部隊團結進步的努力上是貢獻卓著的；當選為敬軍模範的朋友們，證明了諸位都有一顆愛國敬軍的誠心，對於溝通軍民關係、促進軍民合作、鼓舞官兵士氣，增強國軍戰力是功不可沒的。總之，今天能夠被選為代表的，都是軍中和社會的典範，各位的功績和事蹟，都可以做軍中和社會的表率。由於各位的成就，一方面證明了我們國軍的優越，另一方面也證明了我們國民的優越。有優越的國軍和國民，自然就有優越的國家。因此，經國要對各位的榮譽表示欣慰，對各位的貢獻表示嘉勉。

各位同志！我們的國家在不斷的壯大和進步之中，我們的社會也在不斷的繁榮和發展之中，我們反共復國的前途已是光明在望、勝利在望。可是，我們面臨的環境仍是相當艱難、困苦的，我們面對的敵人更是極端陰險惡毒的，而且我們越進步，敵人謀我之心就越亟。因此，我們絕不能以目前的成就為滿足，更不能因生活的安定而鬆懈，而必須加倍提高警覺，加倍奮發圖強，認真實踐「勤儉建軍」，確實促進「勤儉建國」，厚植國力，增強戰力，方能克服一切困難，戰勝一切敵人，就在這中華民國七十年代，摧毀共產暴政，完成以三民主義統一中國的神聖使命，相信各位英雄模範，都會體認到國家的處境，體認到責任的重大，而都能懷有這種豪情壯志，確立這種信心決心。也相信各位回到工作崗位之後，會與你們的同志們和朋友們，相互激勵，相互策勉，更奮發、更精進，創造更大的成果，爭取更大的榮譽。

各位回去之後，希望能向你們的單位、你們的同事、你們的家人，以及你們的親戚朋友，轉達我的關懷問候之意。最後，祝各位精神愉快、身體健康，革命事業勝利成功。謝謝大家。

9月3日　星期四

上午

十時，至忠烈祠主持中樞秋祭革命先烈及陣亡將士大典。隨後並慰問了國軍遺族及先烈子弟代表。

十時十二分，在大直寓所見倪院長文亞。

中午

獲訊，中南部豪雨不停，致造成嘉、南等縣嚴重災害，極為關切。特囑孫院長迅採救災措施；並指示宋總長立即指派國軍部隊，參加支援救助。

下午

四時二十六分，在大直寓所見黃院長少谷。

今為陳良先生生日，特送錶筆一支祝賀。

9月4日　星期五

上午

在總統府先後見國策顧問汪道淵、陳裕清，亞東關係協會駐日代表馬樹禮，戰略顧問賴名湯，副秘書長張祖詒等。

下午

三時三十三分，在大直寓所見榮民總醫院眼科主任林和鳴。

9月5日　星期六

【無記載】

9月6日　星期日

下午

四時十四分，在大直寓所見蔣秘書長彥士。

五時二十分，見秦主任委員孝儀。

9月7日　星期一

下午

三時五十六分，至圓山飯店理髮。

五時〇五分起，在府先後見馬秘書長紀壯、汪顧問道淵、沈秘書長昌煥、宋總長長志、秦主任委員孝儀。

9月8日　星期二

上午

九時二十四分，在府分別見汪顧問道淵、第三局陳局長履元。

十時，主持財經會談。要求有關部門，對進口成長趨於緩慢，速研訂因應措施；應積極開展災區復舊及協助居民重建家園工作。此外，並殷望民間企業，重視研究發展，徹底做到經營合理化。會談後，見孫院長運璿。

下午

四時十七分，由大直寓所巡行至烏來龜山後，迴車至總統府。

五時三十分，見陳局長履元。

五時五十六分，見宋總長長志。

六時〇六分，見蔣秘書長彥士。

9月9日　星期三

上午

八時三十三分，在中央黨部見蔣秘書長彥士。

九時，主持中常會。發表「地方公職人員選舉黨內提名的意義和期望」的談話，期盼全體選民，明辨是非，分清義利，共同為維護選舉的純潔性和神聖性，盡其國民應盡的責任。會後，分別見孫院長運璿、臺北縣縣長邵恩新、臺灣省黨部主任委員宋時選、臺北市黨部主任委員關中、高雄市黨部主任委員鄭心雄等。

下午

三時四十五分，至榮民總醫院眼科檢查。

9月10日　星期四

上午

九時二十七分，在府見馬秘書長紀壯。

十時，接見南非共和國海軍總司令愛德華中將夫婦。

十時三十二分，接見沙烏地阿拉伯王國國防暨航空部副部長胡美德和陸軍總司令翁蘭中將等八人。

十一時，接見到美國參加本年世界棒球賽的中華青棒、青少棒和少棒等三支代表隊，嘉許他們為國家爭取了光榮；並勉勵他們，今後除了繼續勤練棒球技術，更要注重自己學業、品德與精神的陶冶，作為現代青年的模範。

十一時四十分，見俞總裁國華。

9月11日　星期五

下午

四時四十二分，在府見馬秘書長紀壯。

五時〇六分，見張副秘書長祖詒。

五時二十三分，見蔣秘書長彥士。

五時五十分，見沈秘書長昌煥。

9月12日　星期六　中秋節

下午

五時五十分，偕同家人抵慈湖謁陵；並在陵寢共進晚餐後返北。

9月13日　星期日

下午

四時五十分，在大直寓所見孫院長運璿。

9月14日　星期一

下午

三時五十七分，在府先後見張副秘書長祖詒、宋總長長志、馬秘書長紀壯。

五時，召開臨時財經會談，聽取孫院長視察嘉南災情報告，並決定了對這次水災的立即辦理以及基本措施兩部分善後措施（核撥緊急救濟經費、減免稅捐、協助復建以及重新檢討防洪排水）。總統在會中，諄諄指示政府人員，應把災民的痛苦，看作自己切身的痛苦，擺脫各種不必要的繁複手續，注意救災的時間性。會談後，見孫院長運璿。

晚間

曾分別打電話給嘉南等縣市長，垂詢各項修建工作進行狀況；並指示他們，應全力協助災民整修家園，恢復生產。

臨時財經會談善後措施

一、立即辦理部分

（一）核撥緊急搶修及救濟經費

（1）行政院撥補的緊急搶修費用三億元，由省政府迅即撥交受災嚴重地區的縣市政府，作緊急搶修各項公共設施（包括道路橋樑）之用。

（2）行政院再撥二億元交省政府立即轉發受災地區的縣市政府，供較嚴重災戶緊急救濟及其他緊急使用。

（二）減免稅捐與其他救助

（1）財政部除已免徵本年度第二期田賦外，對此次災民依照規定可申請減免的各項稅捐，並應立即轉知各地稽征機關會同當地鄉鎮公所派員赴災害集中地區，輔導協助民眾申請及簡化舉證認定的手續。

（2）曾文水庫工程受益費，緩徵一年。

（3）水稻、雜糧、蔬菜、蘆筍、魚塭等受災損失，由經濟部迅訂辦法予以救助。

（三）協助迅速復工復耕

（1）生產事業（尤其中小企業並包括魚塭、養雞、養豬）受災較重者，由經濟部、財政部、中央銀行組成小組，共同赴各災區勘察，迅訂辦法，立即就地辦理復業貸款。

（2）關於被沖毀及被河砂埋沒的農田，由臺灣省政府財政廳、農林廳參照前項生產事業復業貸款條件，協調土地銀行、農民銀行、合作金庫，透過農會信用部辦理貸放。

（3）中小企業復工所需的原料、材料，由經濟部工業局及中小企業處協助解決。

（4）農家復耕所需的肥料、種子、魚苗、種豬、種雞，由糧食局及農林廳協助解決。

二、基本措施部分

（一）防洪

（1）切實檢討堤防受損原因，針對缺失，迅速予修復並作改進設施。

（2）急水溪沿線（尤其在新營附近）應早予修建堤防。

（3）對曾文水庫水門的操作程序及安全措施，應根據此次洩洪情形徹底檢討。

（二）排水

（1）嘉南地區排水系統的改進，其已列入十二項建設計畫內者，重新檢討其設計能量及施工順序；今後對於區域性排水系統應統一規劃設計，務使市鎮排水與農田排水能適當配合，由省政府負責督導水利局、水利會、各縣市建設局辦理。

（2）對河川及排水系統的維護，應詳加規定其維護責任及方法，每年由經濟部會同有關單位於颱風季節前，各就其督導範圍巡視各地河川及排水系統的維護情形。

9月15日　星期二

上午

九時三十一分起，在府分別見馬秘書長紀壯、汪顧問道淵。

十時，主持軍事會談。對國軍官兵搶救這次中、南部水災的優良表現，極為嘉許。

十一時五十四分，見馬英九君（奉核定任本府第一局副局長）。

下午

來府前，在大直寓所見蔣秘書長彥士。

四時三十一分，在府接見香港星島日報董事長胡仙女士。

四時五十八分，接見「美國新聞與世界報導」雜誌總編輯史東，並答復其所詢問題。

五時三十四分，接見沙烏地阿拉伯王國國家安全會議秘書長沙崙木。

六時十三分，見宋局長楚瑜。

9月16日　星期三

上午

八時二十分起，在中央黨部先後見蔣秘書長彥士、余常務委員紀忠。

九時，主持中常會。常會後，分別見孫院長運璿、林主席洋港、馬秘書長紀壯。

下午

四時二十五分起，在府分別見秦主任委員孝儀、巴拿馬駐華大使席艾洛、錢次長復、臺大校長虞兆中、魏顧問景蒙、汪顧問道淵等。

9月17日　星期四

上午

十時三十四分，至圓山飯店理髮。

十一時十分，在府見秦主任委員孝儀。

十一時四十分，見馬秘書長紀壯。

下午

三時四十五分起，在府先後見張副秘書長祖詒、馬秘書長紀壯。

四時二十八分，接見日本產經新聞社長鹿內信隆等，並接受其電視訪問。（由富士電視公司錄影）

五時〇七分，接見美國美聯社總裁傅勒、俄馬哈世界前鋒報總裁安德生、美聯社香港分社主任劉幼林等。總統曾向他們表示，當前中美兩國關係，是建立在信心的基礎上，希望雷根總統能堅守他曾就改善中美關係問題所說過的話。

五時二十八分，接見西德德通社社長包勒夫婦。

五時四十分，見宋局長楚瑜。

五時五十四分，見聯合報董事長王惕吾。

9月18日　星期五

上午

十時二十六分後，在府分別見張副秘書長祖詒、秦主任委員孝儀。

下午

三時三十五分，在府見馬秘書長紀壯及沈秘書長昌煥。

四時十四分，見蔣秘書長彥士、周主任應龍及宋局長楚瑜。

五時十分，接見秘魯新聞部長阿爾華夫婦。

隨後，又分別見馬秘書長紀壯、宋局長楚瑜。

9月19日　星期六

上午

十時五十五分起，在府先後見馬秘書長紀壯、秦主任委員孝儀、沈秘書長昌煥。

中午

十二時〇二分，在本府大禮堂參觀七十年度各方呈獻總統之禮品。

下午

三時五十五分，在大直寓所見榮民總醫院泌尿科主任鄭不非。

六時五十八分，見俞總裁國華。

9月20日　星期日

下午

四時十五分，在大直寓所見蔣秘書長彥士。

五時四十分，見宋總長長志。

今日上午，曾分別打電話給屏東、臺東、花蓮三縣縣長，詢問葛萊拉颱風動態，並囑咐做好預防措施，以減少損害。

9月21日　星期一

上午

十一時後，在府分別見謝副總統、馬秘書長紀壯、高部長魁元。

下午

四時三十分，在府見沈秘書長昌煥。

五時，接見玻利維亞前總統賈西亞梅沙夫婦等。

五時二十七分，接見日本民社黨國會議員訪華團春日一幸等一行七人。

五時四十三分後，分別見馬秘書長紀壯、張副秘書長祖詒。

9月22日　星期二

中午

十二時四十分，打電話給宜蘭縣長李鳳鳴（公出，由主任秘書孟健君接聽），詢問有關葛萊拉颱風帶給當地的災情。孟主任秘書除報告豪雨並未造成重大災害外，並代表縣民答謝關懷德意。

下午

三時五十三分，至天母訪晤陳資政立夫於其寓所。

9 月 23 日　星期三

上午

八時二十一分，在中央黨部見蔣秘書長彥士。

九時，主持中常會，聽取大陸工作會主任白萬祥的匪情報告。常會後，分別見倪院長文亞、馬秘書長紀壯、宋主任委員時選、蔣秘書長彥士。

下午

三時十七分，至榮民總醫院眼科部檢查。

五時十四分後，在府分別見馬秘書長紀壯、秦主任委員孝儀、宋總長長志。

9 月 24 日　星期四

上午

十時五十九分，至圓山飯店理髮。

十一時四十分，在府見馬秘書長紀壯。

下午

五時二十八分，在大直寓所見蔣秘書長彥士。

9月25日　星期五

下午

四時三十分，在大直寓所見美國在臺協會理事長丁大衛。

9月26日　星期六

上午

十時二十三分起，在中央黨部先後見蔣秘書長彥士、秦主任委員孝儀。

十一時四十三分起，在府先後見張副秘書長祖詒、馬秘書長紀壯。

下午

三時四十四分，在大直寓所見榮民總醫院眼科主任林和鳴、副主任劉榮宏等。

五時，見沈秘書長昌煥。

9月27日　星期日

上午

孫院長運璿代表總統校閱海軍「自強二號」演習，並以加菜金犒勞參加演習之官兵。

下午

四時五十三分，在大直寓所見蔣秘書長彥士。

9月28日 星期一

上午

八時五十三分，至圓山飯店理髮。

九時四十一分，在府見汪顧問道淵。

十時，在府內大禮堂主持中樞紀念孔子誕辰典禮。由資政陳立夫專題演講：「從國父思想更認識孔子之偉大」。典禮後，分別見孫院長運璿、行政院駐美採購團主任溫哈熊。

十一時三十分，至三軍軍官俱樂部，與資深優良教師會餐，並致詞勉勵全國教師，恢宏孔子學說義蘊，促進國家建設，完成復國大業。

優良教師會餐致詞

今天欣逢建國七十年的教師節，想到全國教師們平日作育英才，默默耕耘，為推動國家建設貢獻心力，經國首先要向各位資深優良教師致敬、致賀，也要向全國教師的辛勞表示由衷的謝意。

教師節定在孔子誕辰紀念的日子，旨在恢宏孔子學說的義蘊，闡揚孔子的教育思想與精神。儒家思想具有「時」的特色，所謂「時」，先總統蔣公曾經說過：「就是不斷地求進步，具有革新性的時代性」，所以儒家學說之成為中國傳統文化的基礎，就因具有日新又新的時代性。在今天來講，我們對儒家教育思想的現代意義，經國覺得應該有以下幾點認識：

第一、知識傳授要能結合器識氣節——各級學校，除了知識的傳授之外，更重要的是必須注意到學生器識的培養。曾子說：「士不可以不弘毅，任重而道遠」，所謂「弘毅」，就是具有頂天立地，繼往開來，明大義，擔大任的氣概。教育工作者的責任，在使青年們能以「行仁」為己任，能有剛毅奮發的精神，堅忍自強，成為堂堂正正的國民。

第二、教育工作要能結合時代使命——當前國家建設，大量需要各方面的人才而各種人才必須對當前時代有中心信仰，那就是實踐三民主義，復興民族文化。因此，我們必須要能扣緊這個時代使命來辦教育，才能真正發揮教育工作的莊嚴意義，這也就是孔子強調「人能弘道」的精義所在，我們必須要能具備這種「弘道」的精神，才不會辜負大時代所託付的神聖使命！

第三、學術研究要能結合社會需要——偉大的學術研究，是為造福人群而學術，是能以悲天憫人之心，結合社會需要，以民胞物與之志，關懷社會，服務社會。唯有如此，才能光大學術研究的內在價值，真正培養孔子所說的「仁人」「志士」；也唯有如此，才能使我們的社會一天比一天更進步，而學術的光芒一天比一天更遠大！

各位教師，教育不但是樹人的百年大計，教育更是國家民族的萬年之基。大學一書開宗明義就說：「大學之道，在明明德，在親民，在止於至善。」這不但指出了教育的綱領，更是做人的根本道理，也就是必須具備高尚的靈性品德，方能達到高尚的文化理想。深望全國的教師們彼此互勉，只要我們的教育能結合器識，認識時代，造福社會，就必能不斷促進國家建設，從而早日完成中興復國的大業！

經國在此誠懇地祝福大家身體健康、精神愉快、家庭美滿、事業成功！謝謝大家。

9月29日　星期二

上午

九時，在府見安全局駐美代表汪希苓。

十時，主持軍事會談。

下午

四時二十分起，在府先後見鄒總司令堅、烏總司令鉞、宋總長長志、汪總司令敬煦、蔣秘書長彥士、馬秘書長紀壯。

9月30日　星期三

上午

八時二十九分，在中央黨部見蔣秘書長彥士。

九時，主持中常會。提示各級黨部輔選人員，秉持大公無私的精神，以公開、公正、公平的態度，辦好今年地方公職人員選舉。會中還核定了立法委員黨部第三十屆委員會委員、常務委員暨考核紀律委員會委員、常務委員名單，以及該黨部新任書記長、副書記長人選。常會後，分別見俞總裁國華、邱部長創煥、憲兵司令劉罄敵。

下午

五時二十分，在府召開座談。參加者有：嚴前總統、孫院長運璿、黃院長少谷、馬秘書長紀壯、蔣秘書長彥士、沈秘書長昌煥、張副秘書長祖詒、宋局長楚瑜。

六時四十分，見張副秘書長祖詒。

今日報載：本期「美國新聞與世界報導」雜誌刊出了該雜誌總編輯馬爾文・史東最近訪問總統的問答全文。在此訪問中，總統為史東指出以下要點：

一、鑒於中美關係奠基於互利之上，雙方互信業已逐漸恢復，吾人深信未來中美關係，可望逐漸改善。

二、匪、俄乃一丘之貉，同要赤化世界；美若繼續發展與匪關係，終將陷入共匪所設圈套。

三、共產制度已證明完全失敗，只有在三民主義制度下，中國才能統一。

「美國新聞與世界報導」總編輯馬爾文・史東訪問總統問答

一、

問：總統先生，以目前中國大陸軍力落後情勢而言，北平對臺灣的安全是否構成威脅？

答：在軍力方面中共自然比美國及蘇聯為落後，但其武器及軍隊之數量仍遠超過中華民國，而且某些武器在質的方面亦優於我方。中共對外一再聲稱欲解決「臺灣問題」，並在其一九七九年新頒布的「憲法」中明定要「解決臺灣」，同時，中共當局也一再不斷地表示不排除使用武力之可能。可見中共欲赤化臺、澎、金、馬之目標迄未改變。

二、

問：就目前中美關係而言，雷根總統之作法是否符合了貴國的期望？閣下對中美關係在雷根總統任內的發展看法如何？

答：雷根總統是一位有原則有理想的政治領袖，他具有強烈的正義感與道德觀念，自其就職以來，在內政外交方面都表現了決心和勇氣，並且強烈反共。鑒於中美關係奠基於互利之上，雙方互信業已逐漸恢復，吾人深信未來中美關係，可望逐漸改善。

三、

問：閣下認為是美國在使用「中共牌」對抗蘇俄？或是中共在運用「美國牌」對抗莫斯科？

答：若干人士也許認為美國可以對蘇俄打「中共牌」，但事實上卻是給予中共一個對蘇俄打「美國牌」的大好機會。他們以為美國改善與中共的關係，可以共同對抗蘇俄，或至少可以加深中共與蘇俄的對立，其實中共與蘇俄早在美國與中共開始進行「正常化」前即已交惡，而且中共貧窮落後，其力量過於薄弱，根本不成為一張「牌」。何況蘇俄近年來並未因美國與中共建交，而有所自制，反之，蘇俄唯恐美、匪與日本結為反俄聯盟，更加速在亞太各地的擴張，使此一地區之情勢益趨緊張。此外，吾人根據歷史教訓，亦絕不能排除匪俄這兩個同具埋葬資本主義赤化自由世界野心的共產政權他日轉而修好的可能性。中共與美國政治制度及價值觀念迥異，目前因一時權宜而與美結合。此種關係的長久性及可靠性實有問題，美國若與中共發展進一步之密切關係，適中中共圈套，不僅無益於當前世局，且將留下無窮後患。

四、

問：設若閣下處身美國總統之位，閣下是否會贊同美國採取排除與一個十億人口的國家即中國大陸之正常關係的政策？

答：雷根總統的卓識遠見，認為共產主義是一種偏差錯誤，勢將沒落，本人深有同感。因之，讓十億人口置於共產政權的殘暴統治之下，並非美國之利益。以一個美國元首的立場，在決定外交政策及方向時，自當需要以世界人類的長遠福祉為念。

五、

問：閣下能否預見將來在「一個中國」的安排下，臺灣將會擁有自己的政府，自己的社會和經濟制度？

答：中共對外聲稱在它的安排下，讓我們擁有自己的政府，自己的社會和經濟制度，這是共黨一貫以欺騙為手段的統戰伎倆，中共的最終目的是要消滅中華民國。

三十多年來，中華民國在臺澎金馬實行國父孫中山先生以民有、民治、民享為理想的三民主義，已經證明無論在政治、社會或經濟各方面，都有顯著的成果。而中共在中國大陸施行共產制度則已證明完全失敗。因之只有三民主義適合中國，能為中國人所接受，也只有在三民主義的制度下，中國才能真正統一。

六、

問：在美國斷絕與中華民國外交關係後，各方預測臺灣將會遭受嚴重的打擊，為何該項預測未能成為事實？

答：中美斷交後，確曾使我國遭受若干嚴重的挫折，惟吾人秉持一貫信念，朝野上下一致努力，共同發揮堅苦卓絕的精神，故能將所受損害減至最低程度，扭轉形勢而屹立於世界。

10月1日　星期四

上午

十一時，在大直寓所見秦主任委員孝儀。

下午

四時二十分起，在府見宋總長長志、張副秘書長祖詒、李政務委員國鼎。

五時五十八分，同時見馬秘書長紀壯、汪顧問道淵。

晚

八時十九分，在大直寓所見沈秘書長昌煥。

10月2日　星期五

下午

四時〇九分起，在中央黨部分別見蔣秘書長彥士、錢次長復、魏顧問景蒙、秦主任委員孝儀、宋局長楚瑜等。

10月3日　星期六

上午

十時五十三分，在府見馬秘書長紀壯。

十一時二十六分，見朱部長撫松。

十一時四十三分，見沈秘書長昌煥。

中午

十二時十分，見第三局陳局長履元。

下午

四時五十八分，在大直寓所見俞總裁國華。

五時四十五分，見蔣總司令緯國。

10 月 4 日　星期日

總統關懷參加國慶閱兵大典受校三軍部隊官兵的辛勞，特表慰勉之意（今日上午已由閱兵指揮官許中將向全體受校部隊轉達），並指示要注意照顧受校部隊生活起居，加強衛生保健。

下午

三時五十五分，在大直寓所見蔣秘書長彥士。

四時五十一分起，分別見孫院長運璿、馬秘書長紀壯。

10 月 5 日　星期一

上午

九時四十四分，至圓山飯店理髮。

十時二十二分，在府見秦主任委員孝儀。

十一時十九分，見馬秘書長紀壯。

下午

四時三十三分，在大直寓所見榮民總醫院姜主任必寧。

六時十八分，同時見沈秘書長昌煥及朱部長撫松。

10月6日　星期二

上午

九時四十一分，在府見沈秘書長昌煥。

十時十六分，見秦主任委員孝儀。

十一時十二分，見馬秘書長紀壯。

十一時三十六分，見宋總長長志。

下午

四時三十分，在府見魏顧問景蒙。

五時，見陸軍總司令郝柏村。

五時二十分，見戰略顧問賴名湯。

五時四十六分，見陸軍第六軍團司令許歷農（國慶閱兵指揮官）。

六時〇二分，見前美軍顧問團團長戚烈拉。

六時十八分，與戚烈拉同車，經重慶南路、衡陽路、中華路、忠孝西路、中山北路而至圓山飯店。

六時三十五分，送戚烈拉至圓山飯店大門口下車，而後離去。

10月7日　星期三

上午

八時十七分，在中央黨部見蔣秘書長彥士。

八時五十四分，主持中常會，以「痛苦的教訓、莊嚴的使命」為題發表談話，再一次堅決明確的宣告了我們決不與共匪「談判」的嚴正態度。會後，分別見孫院長運璿、前立法委員黨部書記長陳蒼正、我駐哥斯大黎加大使吳文輝、臺灣省黨部主任委員宋時選。

中常會談話

共匪在近來這些日子，由於畏懼我們「以三民主義統一中國」的行動，因而接二連三的推出了統戰的宣傳，居然建議要舉行所謂「國」「共」的「對等談判」，要搞什麼「第三次合作」。實則，在近六十年的歷程中，只有兩次共匪是以偽裝輸誠的姿態，滲入國民革命行列，而終於竊發坐大的事實，根本就沒有所謂兩黨「合作」之可言。

比如「第一次」，是本黨總理希望在準備北伐大舉之前，把一些思想觀念左傾狂的知識份子，導入正途，容許共產黨員以個人的身份，申請加入中國國民黨，但明白規定，不容許他們在黨內搞「跨黨」活動。其後共產黨徒卻打著本黨國民革命的旗號，到處進行殺人放火的無產階級鬥爭，總裁才不得不根據先進同志的檢舉，毅然決然進行清黨，淨化了革命陣容，完成了北伐大業，但共產黨徒卻仍利用時機造成了一連串的南昌暴動、兩湖秋收暴動，和海、陸豐暴動、廣州暴動……不只對內引發了連年屢歲的變故禍亂，對外更激起了日本帝國主義者的侵略野心。這就是共產黨徒時常掛在口頭上的所謂「國共第一次合作」。

「第二次」，是本黨總裁希望在對日抗戰期中，用民族大義感召共產黨徒，在它流竄陜北行將消滅的情勢之下，以「包容一切」的精神，收編了共產黨的殘餘武力，取消了其罪惡昭彰的蘇維埃政權。這措施，在抗戰進程中，固然一時的抑制了共產黨的公開叛亂，但仍不幸被利用作為它「一分抗日，兩分應付，七分發展」的詭謀異動，加速了它的擴張坐大，結果是整個大陸遭遇到了淪於共產黨徒蹂躪之下的浩劫。這就是共產黨徒心目中的所謂「國共第二次合作」。

根據以上痛苦的教訓，可以確認：共產黨只是在它力量微弱，陰謀依附坐大的時候，才會提出「合作」的口號，要求收容，然後力圖反噬。在容共時期，李大釗就曾在本黨第一次全國代表大會中提出一份聲明說：「我們加入國民黨，是來接受本黨的政綱，而不是強本黨接受共產黨的政綱。我們既經參加了本黨，我們留在本黨一日，即當執行本黨的政綱，遵守本黨的章程及紀律。」在抗戰時期，共產黨為表示悔禍輸誠，還曾經提出四項諾言：「認為孫中山先生的三民主義為今日中國之所必需，共產黨願為其澈底實現而奮鬥」。並承認取消「紅軍」，取消「蘇維埃」，取消「暴力路線」……「共赴國難」。其口蜜腹劍，別有用心，是一貫的無可改變的事實。

我們總理總裁，只是基於國家禍患有緩有急的衡量，並以「君子之心」和「與人為善」的豁達大度，收容了共產黨徒，也改編了共產黨軍隊。卻自始至終沒有發現過他們有那一句話不是邪惡謊言，有那一件事不是政治詐術，結果我們國家民族乃終不免被陷於慘痛的、血腥的暴政箝制之中。今天，大陸同胞的痛苦無告，亞洲的不斷動亂，都是這一奸計詐術所造成的災難的延續。

現在共匪由於恐懼匪黨匪軍信心危機的擴散，大陸同胞對共產主義、制度、暴政的唾棄，特別是對我們復興基地政治經濟進步繁榮的嚮往，對本黨「貫徹以三民主義統一中國」所造成的震撼，感到張皇失措，就又想師其故技，要搞「國」「共」的「第三次合作」，企圖迷亂國際上對我們堅持原則立場的看法，妄想搞其「內部分化、外部孤立」的伎倆。本來共匪製造「和談」謠言，從來不曾停止，而我們也根本不曾理睬過它。他們過去叫喊的是「血洗臺灣」，後來叫喊的是什麼「回歸認同」，今天叫喊的又說是「對等談判」「共同領導」，明天或許還會再叫喊一些甚麼別的口號，搞出些甚麼別的花樣。

因此，今天我要為大家鄭重指出：

——三民主義的仁政和共產主義的暴政，涇渭分明，絕對不能混淆到一起，復興基地同胞安和樂利的生活，和大陸同胞悲慘無比的遭遇，已經經過了海峽兩岸三十多年強烈的對比，這是兩個主義、兩個制度、兩種生活對中國人為福為禍、為功為罪的根本差異。但這卻被共匪歪曲成了所謂「國」「共」兩黨之間的「黨見」「黨爭」和黨分享的「權利」。

——再說，共產黨的所謂和談，實際只是戰爭的另一方式。和談與戰爭，面目不同，而目的則一。所以我一直說「與共匪談判，無異自取滅亡」！這不但是我們——也是亞洲好些國家所體驗過血淋淋的痛苦教訓。

——共匪明知我們決不會與他「和談」，而故意把和談叫得特別響亮，它的謀略就是要讓國際間產生一種只是我們不要和平的錯誤印象。其實，只要檢查史實，就可以明白中華民國政府從來只有迫不獲已的自衛的義戰，絕對沒有窮兵黷武的行為。但共匪則是被聯合國正式譴責的侵略者，韓戰、越戰它都出兵去幫助侵略；就連印度剛剛幫助過它，它也會立即反臉成仇，兵戎相見；他支援越共奪取越南之後，更轉眼就和越共互相拚鬥起來；他一貫的用金錢武器及游擊戰術等等方式，去支援東南亞、非洲、中南美各國內的共產黨，進行滲透分化和顛覆活動，這些事實，還不足令人看清楚共匪的好戰本性麼？所以共匪的所謂「和談」，絕不代表和平，只是代表它的政治詐術而已！

——在此我要再一次堅決明確宣告，決不與共匪「談判」。我們表明這種嚴正態度，目的是要告訴大陸同胞：我們一定要解除共匪加諸於他們頭上的殘酷枷鎖。因為，共匪高喊「和談」的對內目的，就是為了欺騙大陸同胞，暗示他們：「你們心目中盼望著的政府，要與我們和談了，你們沒有指望了！」我們必須讓大陸同胞知道，我們堅持光復大陸解救同胞的信心和決心，永遠不會與大陸同胞的血仇死敵共匪和談！我們莊嚴的使命，就是實行三民主義，統一中國，勇敢堅強的奮鬥到底。本黨自總理總裁以來所有志士仁人，都只知堅持其「革命的本務在行仁」的志節和責任，而從無絲毫權利、名位、生死掛帶之自私。

三民主義在海內外之深入人心，三民主義仁政之得到成功的事實，為中華民國建國七十年來，最為誠摯磅礴的時代，這就是我們「以三民主義統一中國」的憑藉，所以我們不但有復興基地日益精實壯大的信心，也有反共復國必勝必成的決心。

最後，我還要引述總裁幾則日記，和大家一齊省察：

「魔術雖在一時之間身高十丈，但不久總會為正道所克服，消滅於無形。」

「堅持就是勝利，奮鬥就是成功，但堅持到底，並非等待之意。奮鬥乃是持志養氣，始終不懈之意耳！」

「此為最黑暗之時期，但余對光復大陸之信心，毫不動搖，且有增無已，因確信真理和我同在也。」

這實在就是我們同胞同志所一貫堅持，決不中止的莊嚴的使命。

10月8日　星期四

上午

十一時，偕同夫人赴松山軍用機場。

十一時十八分，在機場以軍禮隆重歡迎來華訪問之哥斯大黎加共和國總統卡拉索伉儷。

十一時五十二分，總統伉儷親送哥國總統伉儷至圓山飯店行館。

下午

六時三十二分，偕同夫人至總統府。

六時四十五分起，接見哥國總統伉儷暨外賓。

七時三十分起，以國宴款待哥國總統伉儷。在宴會上，兩國元首同申中哥兩國繼續增進親密關係，以及共同為維護民主自由而攜手奮鬥的決心。參加國宴者，有我政府首長及外國駐華使節等八十餘人。晚宴進行至九時四十三分始畢。

10 月 9 日　星期五

上午

九時二十五分，至圓山飯店理髮。

十時三十一分起，在府先後見馬秘書長紀壯、張副秘書長祖詒。

十一時二十七分，見沈秘書長昌煥。

十一時五十三分，見宋總長長志。

下午

四時，與夫人在府以茶會歡迎歷任美國駐華大使、美軍協防司令、顧問團長和他們的夫人，來華參加我國雙十國慶。

五時〇二分，見行政院駐美採購團主任溫哈熊。

五時三十七分，至中央黨部見蔣秘書長彥士及馬秘書長紀壯。

10 月 10 日　星期六

今為中華民國建國七十年國慶日，特以「以辛亥革命開國精神重光中國大陸」為題，發表國慶祝詞，號召全民早日完成光復大陸國土的使命，讓辛亥革命開國精神，永照中國大陸，三民主義大行於全國。

上午

九時，在府內大禮堂，主持國慶紀念典禮。

九時二十一分，接見來華祝賀我國慶之哥斯大黎加總統卡拉索夫婦等。

九時二十九分，接見外國駐華使節、代表與外賓們，接受其對我國慶之祝賀。

十時，主持國慶閱兵大典。

十一時十二分，接受青年王維正代表全國各界呈獻「自強戰車連」戰車模型一座。隨後，向受校官兵致詞，對國軍壯大、四海同心、各界愛國忠忱以及大家的努力奮發，均深表嘉許；並期勉同胞，萬眾一心，集中力量，實現建國七十年代成為反共復國的勝利年代。

十一時二十五分，見空軍總司令烏鉞。

下午

四時〇四分，在大直寓所見秦主任委員孝儀。

國慶祝詞

辛亥雙十革命，誕生了中華民國。這個光輝燦爛的日子，為中國歷史放出了異彩，也為中華民族再造了新的生命。

國父以先知先覺之睿智，立救國救民之宏願，領導國民革命，經過十次起義，犧牲奮鬥，屢仆屢起，終於七十年前的今天，推翻滿清專制，在亞洲締造了第一個民主共和國，為亞洲人開啟了民主的世紀。我們緬懷先烈英勇，回顧開國豪壯，每個中國人都為這個可歌可泣的辛亥精神，感到無限的光榮，何等的偉大！

而在慶祝建國七十年的今天，共匪竊據大陸，於禍國殃民、失盡人心之後，竟又妄想篡奪國民革命歷史，竊取辛亥開國的榮耀，居然利用「紀念辛亥革命七十週年」，作統戰的無恥勾當。其實，鐵一般的史實，豈能隻手掩盡天下人的耳目？共匪的詭計，徒然暴露它日薄西山、黔驢技窮的悲哀而已。

顯而易見，我們以三民主義統一中國的號召，已在所有中國人的心中激起了廣大回響，更鼓舞了大陸同胞反奴役、爭自由的熱烈希望。共匪偽裝紀念辛亥革命，污辱國史，謊言和談，來欺騙世人，其結果必將適得其反，也就是以三民主義統一中國的強烈震撼，必將震毀匪偽政權，加速實現民國七十年代成為重光大陸的年代！

為了國家的富強、民族的利益、文化的昌盛、同胞的福祉，我們要莊嚴的立定誓願，實踐國父遺教，遵照先總統蔣公的遺囑，早日完成光復大陸國土的使命，讓辛亥革命開國精神永照整個大陸，三民主義大行於全國。因之，我們必須同心同德，精誠團結，一齊致力於：

——擴大復興基地三民主義建設，確保國家社會的安定繁榮，力行勤儉建國，厚積反共復國力量，為重建三民主義新中國奠定成功的基礎。

——積極復興中華文化，發揚三民主義倫理、民主、科學文化的精義，人人以承接中華民族的道統為己任，於光復大陸之後，重振固有道德，使我們以仁為本的民族文化，綿延不絕，日久彌新。

——決心肅清共產毒素，建立一個現代的、民主的新中國，以中國人本有的智慧、誠信和勤勉，與國際社會密切合作，為世界和平與人類自由，盡最大的貢獻。

這是七十年代每個中國人的時代任務，我們必將根據主義，深思遠慮，決定符合國家民族長久利益的政策。我們也深信，憑著我們堅定的意志，剛強的毅力，為實行三民主義而奮鬥，勇往直前，貫徹始終，必能達到勝利成功。讓我們一同為中華民國的國運昌隆祝福，也讓我們齊聲歡呼：三民主義萬歲！中華民國萬歲！

國慶閱兵大典致詞

親愛的父老兄弟姐妹們、諸位貴賓、諸位同胞、諸位先生女士：

今天是中華民國建國七十年光輝燦爛的國慶日，我們舉行盛大的閱兵典禮。在閱兵臺上，有我們友邦的一位元首和他的夫人，不遠千里而來，參加我們的雙十國慶，做我們的貴賓，那就是哥斯大黎加共和國的卡拉索總統和夫人，使我們感到無限的光榮。

剛才進行的閱兵，大家都已看到了，我們官兵的精神飽滿，士氣昂揚；也看到了，我們部隊的軍容壯大，裝備精良。這就是反共必勝，建國必成的最好保證！

我們感謝全國同胞，捐獻浩浩蕩蕩的「陸軍自強戰車連」，這種出錢出力對國家的忠忱，就是國家前途光明遠大的象徵！

我們歡迎歸國僑胞，在復興基地參加國慶！也向全球各地所有熱愛自由祖國的僑胞致敬。我們四海同心，就是中華民族永遠偉大的根本！

我們高興，復興基地農工商各界的發展進步，軍公教人員的勤勞負責，青年朋友們的自強不息，使國家建設欣欣向榮，社會朝氣蓬勃。大家的努力奮發，就是克服一切困難的關鍵，而我們相信，這一切困難，也必定能夠克服，達到最後的勝利成功！

我們更時時刻刻想念大陸苦難中的同胞，寄以無限的關懷，決心貫徹以三民主義統一中國，早日完成光復大陸的使命。

親愛的同胞們，讓我們萬眾一心，集中力量，實現建國七十年代成為反共復國的勝利年代。

現在，讓我們一起高呼：反共復國勝利成功萬歲！三民主義萬歲！中華民國萬歲！萬歲！萬萬歲！

10月11日　星期日

上午

九時十六分，在府見宋總長長志。

九時三十五分，見秦主任委員孝儀。

十時，見張發奎夫人及其公子張威立夫婦。

十時〇九分，見馬秘書長紀壯。

十時三十分，見宋局長楚瑜。

十一時，繼續接見來華參加七十年國慶的外賓（包括象牙海岸特使團），接受他們的祝賀。

十一時二十七分，見謝副總統。

十一時四十八分，見張副秘書長祖詒。

下午

三時二十六分，晤俞大維先生於其寓所。

四時四十五分，在大直寓所見文工會主任周應龍。

六時三十分，偕同夫人至圓山飯店參加哥斯大黎加總統卡拉索之答謝酒會。

今日報載，總統日前接受日本產經新聞社長鹿內信隆電視訪問的答問全文。

日本產經新聞社社長鹿內信隆電視訪問

問：一九一一年之武昌辛亥革命起義，在孫文先生指導下，首創亞洲第一共和國——中華民國，今年欣逢七十週年。請問閣下，對於此日之來臨未知作何感想。

答：一九一一年的武昌辛亥革命起義，是中華民族於經歷近百年無數的折磨、苦難與挫折後，為實現一項偉大而切合中國需要的建國理想——三民主義——所作奮鬥的初步成功。今年是中華民國建國七十年，以吾人在臺澎金馬的建設成就，事實證明了這個偉大理想進一步的具體實現。我們深信這項理想，不僅為中國貧弱問題的解決提供了正確的方向，且已成為當代中國政治、經濟與文化思想的主流。本人能夠為實現這個理想而貢獻心力，實在感到無比的光榮與興奮。同時我們也充滿著樂觀和希望，確信民國七十年代必將是我們三民主義勝過共產主義的年代，也將是中華民國重光大陸的年代。

問：關於辛亥革命及孫文先生，看樣子似乎不僅中國國民黨對其有極高之評價，且中國共產黨亦然。請問從歷史解釋上來看與中共之不同點在何處，可否惠賜高見。

答：辛亥革命之歷程發軔於一八九四年興中會之成立，迄於一九一一年武昌起義後中華民國之建立。當中山先生與革命志士奔走革命時，還沒有共黨組織。中共是於一九二一年七月一日在上海成立，與辛亥革命並無任何淵源可言。

辛亥革命是畢民族、民權、民生革命之功於一役的全民革命，不是中共所謂的「資產階級民主革命」，更不同於中共的「無產階級革命」。

我政府三十多年來在臺澎金馬的勵精圖治，使辛亥革命所建立的中華民國法統得以維繫和發揚。中共認為中山先生所領導的國民革命是「資產階級民主革命」，在為社會主義、共產主義革命舖路，此乃是中共暴政禍國殃民、失盡人心之後，企圖篡竊辛亥革命的傳統，扭曲國民革命的本旨，為其馬列共產主義革命在中國的叛亂活動尋找理論根據，以混淆視聽。我相信，只要稍知中國近代歷史或對當前臺灣海峽兩邊現況有所了解的人，都不會受其愚弄。

問：美國雷根政府，早已標榜應加強對中華民國之關係，然而對中共又大幅度地解禁武器輸往大陸。可否請閣下談些今後與美國之關係。

答：從雷根總統就職前後的言論與行動觀察，他有理想、有原則、也有道德勇氣。他的基本反共哲學及重視人類自由尊嚴之態度與我們的理想和立場相符。雷根總統在就職演說中曾強調將以忠誠對待忠誠；就任後曾表示重視對中華民國的感情。我們歡迎並相信他致力維持及促進中美傳統友好關係之誠意。

本人相信只要中美雙方立場一致，一點一滴去做，中美關係必將逐步改進。

問：七月於渥太華之高階層會議，把「蘇聯之威脅」成為重要之議題，閣下對於「蘇聯之威脅」作何分析？且為應付「蘇聯之威脅」閣下作何看法？

答：所謂「蘇聯之威脅」亦即「國際共黨之威脅」。國際共黨對整個自由世界的威脅與日俱增，中華民國受共黨欺騙與危害已有數十年之痛苦經驗，深盼自由世界確切體認應付國際共黨威脅之道，除必須洞悉國際共產主義邪惡本質之外，並應加強團結，積極合作，發展經濟，提高人民生活水準，努力增強國防實力，共同以堅強之力量，防止共產主義的蔓延，以維護各國之安全與自由。

問：目前之國際情勢最為緊張，在此情勢下，閣下對於現在及未來之臺灣，在國際上應如何穩定其地位？

答：目前國際局勢緊張完全係由國際共黨所造成，中華民國面對此一局勢，仍將一本反共復國的基本國策，堅守民主陣容，實行民主憲政，致力經濟建設，結合世界上民主自由國家，共同為維護世界和平與安定而努力。

問：大陸之鄧小平—胡耀邦體制已成立，臺灣與大陸之經濟差距甚大，目前每人之國民所得，臺灣比大陸多約九倍。在日本的看法，是希望大陸之十億人口之生活，亦能予以改善。因此大力予以經濟協助。請問閣下對此問題之看法如何？

答：日本政府希望大陸十億人口之生活有所改善，因此大力予以經濟援助。但必須瞭解，要實際改善大陸人民的生活，唯有推翻共產黨領導的無產階級專政，徹底消滅馬列毛思想，實行民有、民治、民享主張，重返中華文化的傳統，才有可能。否則日本對共匪的協助，徒然助長中共的壓制，絕不能對大陸人民生活有所改善。

問：預料中國之統一，閣下之看法如何？在何種情況下，國共可能合作？

答：統一是所有中國人的共同願望，但中國的統一，必須以三民主義為基礎，只有中國大陸在「自由化」、「民主化」與「中國化」的原則下，徹底清除共產主義邪說，廢棄共黨專制獨裁，與集體化經濟的思想與制度，中國的統一才能實現。

問：中國國民黨以「光復大陸」為使命，而中共卻叫囂「解放臺灣」且不否認使用武力。請問國共衝突之可能性如何？

答：光復大陸是我們全民的意願，我們所憑藉的是三民主義的憲政體制。當然我們也瞭解，中共黷武好戰，其企圖以武力奪取金馬臺澎的野心從未稍戢，因此我們並不排除中共武力侵犯之可能。但如中共武力犯臺，我們全體軍民必定堅強奮戰以求勝利，那也正是我們結合大陸抗暴推翻中共的時機。

問：臺灣之經濟發展確實令人瞠目驚視，惟對日貿易仍繼續逆差（一九八〇年為美金三十二億），關於此問題，不可否認，部份是由於經濟構造上所導致，有關對日經濟關係上有何高見？

答：貴我兩國貿易總額逐年不斷地增加，然逆差數字亦逐年不斷的增高。雖經我方力謀改善；但一直未獲縮小，去年高達卅二億美元，今年可能四十億美元，雙方貿易逆差數字的繼續擴大，對雙邊貿易的發展會有不利的影響。兩國產業構造的不同，固為構成逆差因素之一。但是貴國對我國所施行的農產品檢疫及配額等各種非關稅障礙，也是造成逆差的原因。尤其不合理的是其他國家在我國投資生產的產品，都能回銷其本國；但是貴國則不然，我國使用貴國的機械設備及貴國技術人員指導所生產之產品，竟不能順暢輸銷貴國，實在是一個值得檢討問題。

我們非常盼望並呼籲貴國政府與民間，以長遠的眼光，本互惠互利的原則，儘可能採取各種配合措施，一面擴大雙邊貿易，一面縮小貿易逆差，如此不僅對兩國有利，且對亞洲地區乃至整個世界經濟，都會有莫大的貢獻。

問：所謂外交並非僅僅指條約和文書之交換而成立者，而是建於根本上之相互瞭解。回顧辛亥革命七十年間，中日兩國之民族相互瞭解，是否達到充分？

答：歷史告訴我們，過去貴國之對華政策，過於忽視中國人之力量，導致發生中日戰爭，我國因抗戰疲敝，乃至大陸淪於共黨之手。而今日貴國則高估了中共的力量，幻想中國大陸市場的經濟利益，忽略了中共邪惡狡滑的本質，又無視它背棄中國文化與倫理傳統終將被中國人唾棄的必然性，都是未達充分瞭解所致。本人深盼貴我兩國有識之士，同心協力，加強合作，共同遏阻共產主義之擴張，同謀中日兩大民族之未來幸福。

問：本人訪問臺灣，獲得一樣最深刻之印象，是此地擁有傳統之中華文化。所謂文明，究其極，既非經濟力也非軍事力，以本人所見，問題在於人之「心」。閣下認為如何，請賜教。

答：所謂文化，是一種生活方式，以及規範此一方式的一種看不見的力量，中華文化乃係由我先聖先賢代代相傳的一貫道統所薈萃，強調明德、親民以止於至善，而其實踐的程序則是由格物致知誠意正心以至於修身齊家治國平天下，這一切都是以「人心」為其本源。如今全世界正面臨共產主義邪惡思想之威脅，為挽救人類文明免於遭受馬列思想之摧殘，所有愛好民主自由人士，亟應從「心」之深處，體認歷史潮流的正確方向，發揚人類文化的正面價值，團結一致，共同為撲滅共產逆流而努力。

10月12日　星期一

上午

九時，在大直寓所接見前來辭行之哥斯大黎加總統卡拉索伉儷。

十時〇八分，與夫人至松山機場，以軍禮歡送哥斯大黎加總統卡拉索伉儷離華。

十時五十六分，在府見秦主任委員孝儀。

十一時三十分，見國際青年商會中華民國總會選出的十大傑出青年郭光雄、何恆雄、程邦達、沈銘鐘、沈守敬、蔡懷玉、劉國治、張煦華、陳進利、蘇清松等。嘉許他們研究創造的各項成就；並勉大家繼續為國家建設而努力。

十一時五十六分，見馬秘書長紀壯。

下午

三時〇三分，在大直寓所見林主任和鳴、劉副主任榮宏。

今為先總統蔣公農曆誕辰紀念日（九月十五日），於四時四十六分，偕同夫人赴慈湖謁陵。

六時，全家在慈湖陵寢晚餐。

七時十分，離慈湖返北。

10 月 13 日　星期二

上午

八時三十七分，在府見俞總裁國華。

九時，見美中經濟協會理事長甘乃迪。

九時四十分，見高部長魁元。

九時五十五分，見謝副總統。

十時，主持財經會談。要求行政院於最近期內，研採有效措施，使國內經濟保持繼續發展。並提四項指示（一、協助民間事業；二、嚴格控制預算；三、穩定物價；四、金融機構等單位，應為農工商各業服務），希斟酌辦理。會後，見孫院長運璿。

中午

十二時〇七分，見馬秘書長紀壯。

十二時十九分，見宋總長長志。

下午

三時四十分，在大直寓所見榮民總醫院林主任和鳴、劉副主任榮宏。

五時，見汪顧問道淵。

10月14日　星期三

上午

八時二十八分，在中央黨部見蔣秘書長彥士。

九時，主持中常會。

會後，分別見高雄市長楊金欉、立法委員周慕文。

十時〇三分，集體見蔣秘書長彥士、梁主任孝煌、周主任應龍、宋主任委員時選、關主任委員中、鄭主任委員心雄。

下午

四時五十分，在大直寓所見沈秘書長昌煥。

10月15日　星期四

下午

四時三十七分，在大直寓所見魏顧問景蒙。

五時二十五分，見宋局長楚瑜。
六時五十五分，偕夫人至圓山飯店與俞總裁國華夫婦、孫董事長義宣夫婦、俞揚和先生、毛局長瀛初夫婦、孝武先生、孝勇先生夫婦等共進晚餐。

10月16日　星期五

上午

十時〇三分起，在大直寓所內散步，至十時二十分後赴總統府。
十時四十三分，見馬秘書長紀壯、宋總長長志。
十一時二十五分，見行政院駐美採購團主任溫哈熊。
十一時四十一分，見張副秘書長祖詒。

下午

四時五十二分起，在大直寓所分別見蔣秘書長彥士、秦主任委員孝儀。

10月17日　星期六

上午

十時〇三分至十七分，在大直地區散步。
十時二十一分，至圓山飯店理髮。
十一時二十六分，在府見馬秘書長紀壯。
十一時四十六分，見沈秘書長昌煥。

下午

四時五十二分，在大直寓所見孫院長運璿。

10 月 18 日　星期日

上午

十時五十三分，在大直寓所見秦主任委員孝儀。

下午

四時三十分至五十二分，在寓所內散步。

四時五十三分，見司法院黃院長少谷。

10 月 19 日　星期一

上午

九時〇二分至十七分，在寓所外散步，然後赴總統府。

九時二十九分，見秦主任委員孝儀。

十時二十分，見宋總長長志。

十時四十分，見馬秘書長紀壯。

十時五十八分，見蔣秘書長彥士。

十一時四十分，見張副秘書長祖詒。

下午

五時，在大直寓所接見前美軍顧問團長戚烈拉，並以茶點招待。

10 月 20 日　星期二

上午

九時十八分，在府見馬秘書長紀壯。

九時四十四分，見朱部長撫松。

十時，主持軍事會談。會談後，分別見孫院長運璿、宋總長長志、張副秘書長祖詒。

下午

四時二十三分起，在府分別見中央評議委員曾虛白、國策顧問劉鍇、戰略顧問黎玉璽、資政張寶樹、張副秘書長祖詒、馬秘書長紀壯。

晚

七時四十五分，在大直寓所見臺灣省府主席林洋港。

10 月 21 日　星期三

上午

八時〇九分至二十二分，在寓所外散步，然後赴中央黨部。

八時三十四分，見蔣秘書長彥士。

九時，主持中常會。常會後，集體見蔣秘書長彥士、梁主任孝煌、周主任應龍、宋主任委員時選、關主任委員中、鄭主任委員心雄。

下午

四時十五分，見謝副總統。

四時二十八分，見青年工作會主任張豫生。

四時五十七分，接見印尼國家情報局副局長班尼・莫達尼中將。

五時十九分，接見旅美僑領李仲生。

五時三十一分，見民航局局長毛瀛初。

10月22日　星期四

【無記載】

10月23日　星期五

上午

十時二十七分，至圓山飯店理髮。

十一時〇八分，在府見張副秘書長祖詒。

中午

十二時，見汪顧問道淵。

下午

四時十二分，在府作光復節前夕電視談話錄影。

四時四十三分，見馬秘書長紀壯。

五時，見宋局長楚瑜。

五時〇八分，見國防部總政戰部主任王昇。

五時四十五分，見輔導會主任委員鄭為元。

六時〇五分，見蔣秘書長彥士。

10月24日　星期六

上午

十時五十五分，至國家安全會議訪晤沈秘書長昌煥於其辦公室，停留三刻鐘後來府。

十一時五十五分，在府見警備總司令汪敬煦。

下午

三時十二分，在大直寓所見榮民總醫院林主任和鳴、劉副主任榮宏。

四時二十分，見中央黨部副秘書長陳履安。

五時二十二分至四十分，在大直寓所散步。

隨後，見黃院長少谷。

今為臺灣光復節前夕，特以「雙重責任、一項使命」為題，發表電視談話，勉勵復興基地同胞，本「舍我輩其誰分擔」的精神，為「祖國未竟志業」竭智盡忠，早日完成以三民主義統一中國的使命。

光復節電視談話

各位親愛的同胞：

明天是臺灣的光復節，年年我們都慶祝這個好日子，今年正逢中華民國建國七十年，意義顯得格外重大，經國除了和大家一樣高興之外，也覺得有許多事情值得我們去思想。

我們都曉得，臺灣的光復，歸功於對日抗戰的勝利，抗戰勝利，則是全國軍民發揚了革命先烈創建民國犧牲奮鬥精神獲得的成果。然而大家也許不都知道國父領導國民革命，雖然早在中法安南戰爭的時候，就立志推翻滿清，但是到了甲午戰爭把臺灣割讓日本以後，才決心採取革命的行動。所以說，挽救中國危亡和光復臺灣，自始就是國民革命不可分的目標。為了達成這一崇高的目標，真不知有多少仁人志士付出了他們的心力，灑下了他們的熱血。

談到國民革命和臺灣的關係，更有許多值得回憶的史實。國民革命運動最初是以興中會為推動的核心，而興中會的臺灣分會，就是在一八九七年成立於臺北大稻埕楊心如同志的家裡。一九〇〇年的惠州之役，國父並且以臺灣作為策動指揮之地，本省的志士像楊心如和吳文秀等。都參與其事。其後，為了反抗日本的統治與壓迫，丘逢甲、羅福星、蔣渭水、余清芳、江定及莫那魯道等志士，更是捨生取義，視死如歸，與先總統蔣公所領導的抗日戰爭，實相互輝映。所以本省的先賢先烈，不但都是三民主義的信徒，他們領導臺灣同胞流血流汗，不管是推翻滿清，或是反抗日本，更都一樣為了要做自由的中國人！

前幾天，經國抽空翻閱先總統蔣公民國三十五年十月份的日記，發現下面幾段記載，令我感動良久：

「十月二十一日

正午與夫人上機起飛，下午四時飛抵臺北松山機場，下機乘車直駛草山溫泉，沿途但覺日本風習之深，想見其經營久遠之心計，而今安在哉！時念余九歲喪父，同年喪失臺灣，至今已五十一年矣！

十月二十五日

臺灣光復一週年民眾大會，……九時半到臺北市，民眾與學子沿馬路兩側自中山橋至公會堂廣場，十餘里長路接續不斷，狂呼歡躍之情，殊使此心受到無限激蕩。四十年之革命奮鬥，八年之枉屈惡戰，至此方知，上帝必不負苦心矣。

上星期反省錄

臺灣尚無共匪之細胞，可稱一片乾淨土，應珍重建設，使之成為全國之模範省也。」

從上面幾段日記摘抄，可以看出先總統蔣公對本省情感之深與期望之殷切，也可以反映出臺灣在國民革命運動中的重要性，同時也體驗出今天我們的責任有多麼重大！

十年之前，先總統蔣公在第二十六屆臺灣光復節的時候，還曾講過兩句話：「唯有努力建設臺灣，才能達成光復大陸的目標；亦唯有早日光復大陸，才能恢宏建設臺灣的績效」。

事實上，這三十多年來，我們一直就是朝著這個方向，在奮鬥，在前進。而事實也證明，由於民眾與政府的精誠合作，大家的共同努力，我們在臺灣復興基地實踐三民主義建設，已有良好的成果。今後政府必將繼續根據主義，依「國家至上，民眾第一」的原則，制定政策，切實履行我們的雙重責任：一方面擴大建設成果，確切保障臺澎金馬一千八百萬同胞的生命財產與自由幸福，一方面以臺灣為民族復興基地，把三民主義建設成果，積極向大陸推進，早日光復大陸，拯救苦難的同胞，這也是當前我們每一個自由中國人的一項歷史使命。但是最重要的，在現階段的情勢下，我們必須緊密團結，堅守立場，粉碎敵人一切陰謀，不予以任何可乘之機。

臺灣海峽在地理上雖然分隔了臺灣和大陸，但卻阻擋不住我們對大陸和大陸同胞的關愛。記得民國十四年北京大學「臺灣同學會」曾經有一副紀念國父的對聯，這副對聯後半段是這樣寫的：「四十年祖國未竟志業，舍我輩其誰分擔。」今天，我們在復興基地的同胞應當本著這種「舍我輩其誰分擔」的精神，為「祖國未竟志業」竭智盡忠，早日完成以三民主義統一中國的使命，使大陸同胞跟我們一樣的享有自由與幸福。從光復臺灣到由臺灣光復大陸，讓我們為中華民族開創一個嶄新的時代。

祝大家健康快樂！謝謝大家！

10月25日　星期日

下午

四時三十五分，蒞臨臺中市中興大學惠蓀堂，參加慶祝臺灣光復三十六週年酒會，向在場熱烈歡迎的中外來賓致意，並期勉全體同胞，把每一顆心和每一個力量團結起來，一定可以克服任何困難，也一定可以用復興基地一千八百多萬民眾，來拯救大陸上的十億同胞。

五時十一分，離中返北。

10月26日　星期一

上午

九時五十分，至桃園縣立體育場，參加臺灣區運動大會開幕典禮，並致詞指出，我復興基地一切充滿蓬蓬勃勃的朝氣，就好像是旭日東昇一樣；而大陸在共產主義統治下，就好像是夕陽西下。並呼籲全國同胞把每一顆心團結成一條心，把每一分力量匯集成一股力量，以無比的信心、決心、毅力和勇氣，向光復大陸的目標共同邁進，以三民主義來統一全中國。（孫院長運璿、馬秘書長紀壯、蔣秘書長彥士同行。）致詞後，觀看了全部表演節目。開幕典禮結束，曾步行繞場一週，向歡呼致敬的觀眾和選手答禮。

中午

十二時五十分，在桃園縣政府與各縣市長及當年參加上海全國運動會的老選手共進午餐，並有所期勉。

10月27日　星期二

上午

九時二十二分，在府見張副秘書長祖詒。

十時，主持財經會談。提示有關部門，採取後續措施，激發民間企業投資意願，使景氣迅速復甦；並應以「全力提高技術及生產力」為長期發展的主要策略。同時期望民間企業共同奮鬥，以達成此一目的。

會談後，見政務委員周宏濤。

下午

三時五十四分起，分別見警政署長何恩廷、調查局長阮成章、政務委員張豐緒、憲兵司令劉罄敵、黨史會主任委員秦孝儀、參謀總長宋長志。

財經會談提示

一、上次會談以後，行政院已經隨即採取各種措施，使工商界目前所遇困難稍可紓解，至望政府各有關部門，務本切實負責精神，遵循行政院既定政策，認真確實執行，並須迅速繼續深入研究，更進一步制訂後續之具體辦法，以使現行措施更為完整，更為充實，有效激發民間企業投資意願，促成經濟景氣之儘早復甦。

二、基本上，本次所採措施，尚屬治標辦法，只能有助於解決短期問題。就長期而言，我國經濟本質主要的弱點是技術水準進步緩慢，以致生產力的增長相對有限。因之，為克服此一弱點，今後經濟設計單位在擬定長期發展計畫時，應以「全力提高技術及生產力」作為追求長期穩定成長的主要策略，認定唯有科技更高之研究發展，才能帶動工業更大之創新進步，據以研定周詳計畫，採取各種措施，注重科技人才之培養，引導更多資源投入技術升級之途，以期在工業科技上早日出現重要之突破。在此方面，希望新竹科學工業園區，充分發揮積極功能，尤望民間企業均應以提高技術及生產力為努力目標，引進新技術，採購新設備，傾力從事研究發展，實施自動化，加強技術訓練，以促進生產力之提高。相信政府與民間之密切合作，共同奮鬥，必能達成此一目的，奠立我國經濟長期發展之雄厚基礎。

10 月 28 日　星期三

上午

八時二十五分，在中央黨部見蔣秘書長彥士。

九時，主持中常會。

十時，集體見蔣秘書長彥士、梁主任孝煌、周主任應龍、宋主任委員時選、關主任委員中、鄭主任委員心雄。

下午

四時十八分，在府見沈秘書長昌煥。

五時〇六分，見新任駐雅加達中華商會會長彭傳樑。

五時十六分，見安全局駐美特派員汪希苓。

五時四十一分，見馬秘書長紀壯。

10 月 29 日　星期四

下午

三時四十分，在大直寓所見榮民總醫院內科主任姜必寧。

10 月 30 日　星期五

上午

九時四十五分，至圓山飯店理髮。

十時四十三分，在府見秦主任委員孝儀。

十一時〇六分，見沈秘書長昌煥。

十一時四十四分，見馬秘書長紀壯。

10 月 31 日　星期六

上午

九時，在國父紀念館主持先總統蔣公九五誕辰紀念大會。由總統府戰略顧問何應欽將軍報告「先總統蔣公對三民主義的真知與力行」。

十時四十分，至慈湖後，見蔣秘書長彥士。

十一時二十分，率領中央文武官員三百多人，恭謁先總統蔣公陵寢致敬。

中午

十二時三十六分，返回大直寓所。

11月1日　星期日

上午

十時五十五分，在大直寓所見秦主任委員孝儀。

下午

四時十九分，在大直寓所見海軍總司令鄒堅。

五時，見倪院長文亞。

11月2日　星期一

上午

十時三十七分，在府見僑務委員會委員長毛松年。

十一時，見宋總長長志。

十一時二十五分，見汪總司令敬煦。

下午

四時〇五分，至榮民總醫院分別探視葉資政公超、蔣堅忍先生。

四時五十一分，在府見馬秘書長紀壯。

五時〇六分，見魏顧問景蒙。

五時三十分，見蔣秘書長彥士。

11月3日　星期二

上午

九時三十三分，在府見張副秘書長祖詒。

十時，主持軍事會談。

十一時二十二分，見孫院長運璿。

下午

三時四十分，在大直寓所見榮民總醫院眼科副主任劉榮宏。

11月4日　星期三

上午

八時三十分，在中央黨部見蔣秘書長彥士。

九時，主持中常會。

十一時，見蔣秘書長彥士。

十一時十分，見秦主任委員孝儀。

十一時十五分，見宋總長長志。

下午

五時十六分，在府見俞總裁國華。

六時，見馬秘書長紀壯。

六時十六分，見張副秘書長祖詒。

11月5日　星期四

上午

九時四十一分起，在府分三批見軍方調職人員空軍中將戚榮春等三十三人。

十時五十六分，見陸軍總司令郝柏村。

十一時三十分，見宋總長長志。

下午

四時十九分，在中央黨部見蔣秘書長彥士及陳副秘書長履安。

五時三十七分，在府見張副秘書長祖詒。

六時〇二分，見馬秘書長紀壯。

11 月 6 日　星期五

上午

九時三十四分，在府見張副秘書長祖詒。

十時，吐瓦魯國大使愛屋那塔拿到總統府晉見總統，呈遞到任國書。

十時三十分，接見泰國前副總理巴博。

十一時〇五分，見青年黨主席李璜。

下午

三時五十分，在府見中鋼公司董事長趙耀東。

四時二十九分，見科學發展指導委員會主任委員吳大猷。

五時，見聯合報系董事長王惕吾。

五時三十四分，見聯合工技院董事長徐賢修。

11 月 7 日　星期六

下午

四時四十五分，在大直寓所見蔣秘書長彥士。

11 月 8 日　星期日

下午

四時二十一分，在大直寓所見孫院長運璿。

11月9日　星期一

上午

八時五十八分，至圓山飯店理髮。

十時，在府見外交部次長錢復。

十時二十九分，見國片資深演員王引，對他四十餘年獻身於國片的敬業精神，表示慰勉。

隨後，見宋局長楚瑜。

十時五十二分，見中國時報董事長余紀忠。

十一時二十七分，見前廣東省政府主席李漢魂夫婦，和他們親切敘舊。

十一時四十三分，見馬秘書長紀壯。

下午

五時二十五分，在大直寓所見蔣秘書長彥士。

七時四十三分，見汪顧問道淵。

11月10日　星期二

上午

十時五十二分，親蒞馬秘書長辦公室，停留數分鐘離去。

十一時十七分，在府見張副秘書長祖詒。

下午

四時二十分，在大直寓所見沈秘書長昌煥。

五時十七分，見汪顧問道淵。

11 月 11 日　星期三

上午

八時二十五分，在中央黨部見蔣秘書長彥士。

九時，主持中常會。常會後，分別見孫院長運璿、宋主任委員時選、錢次長復、汪總司令敬煦、關主任委員中、秦主任委員孝儀。

下午

四時三十一分，在府見秦主任委員孝儀。

四時五十七分，見馬秘書長紀壯。

五時二十五分，見鄒總司令堅。

五時四十五分，見宋總長長志。

11 月 12 日　星期四

上午

九時四十分，在國父紀念館主持紀念國父誕辰暨慶祝中華文化復興節大會。嚴前總統以「三民主義與中華文化光輝永耀」為題，在會中作專題報告。會後，見孫院長運璿。

十時五十二分，在中央黨部見蔣秘書長彥士。

十一時四十一分，巡視選情中心。

11 月 13 日　星期五

上午

十一時二十六分起，在府分別見張副秘書長祖詒、汪顧問道淵、馬秘書長紀壯。

下午

四時三十二分起，在府分別見汪總司令敬煦、汪顧問道淵、王主任昇、蔣秘書長彥士、宋總長長志。

11月14日 星期六

上午

七時五十九分，偕同夫人至大直力行新村第四五四投票所，為選舉臺北市第四屆議員而投票。在領取選票時，曾殷殷慰問選務工作人員的辛勞。

八時〇九分，在群眾熱烈掌聲中離去。

下午

四時三十分，至中央黨部見蔣秘書長彥士及梁主任孝煌。

五時四十五分，返寓所。

晚

八時二十四分，再至中央黨部見孫院長運璿、蔣秘書長彥士、馬秘書長紀壯、瞿秘書長韶華、宋總長長志、梁主任孝煌、周主任應龍、蔣孝武先生。

深夜

零時三十五分，返寓所。

11 月 15 日　星期日

上午

十時三十分，在大直寓所見秦主任委員孝儀。

下午

三時三十分，在大直寓所見蔣秘書長彥士。
四時五十三分，見宋局長楚瑜。

11 月 16 日　星期一

上午

八時二十七分，至圓山飯店理髮。
十時，在陽明山中山樓主持陸、海、空三軍官校暨政治作戰學校七十年聯合畢業典禮。以「雙肩承大任」為題，致詞勉勵畢業學生，效法鄒容烈士革命精神，團結奮鬥，完成中興大業，實現以三民主義統一中國的時代使命。典禮後，接見畢業學生家長代表，與應屆畢業生合影，並召見三軍四校校長。
十一時三十五分，與畢業學生共進午餐，並致詞勉勵所有同學，從軍校畢業後，走上為國為民的正路，奮鬥下去，工作下去。

中午

十二時四十五分，至革命實踐研究院，並見孫院長運璿。

下午

五時〇七分，在府見秦主任委員孝儀。

五時四十一分，見沈秘書長昌煥。

六時二十一分，見朱部長撫松。

陸海空三軍官校暨政治作戰學校七十年聯合畢業典禮講詞

今天是陸海空三軍官校和政治作戰學校七十年的聯合畢業典禮，各位同學懷抱救國救民的志向，熱烈的投考軍官學校，經過四年嚴格的訓練，從今天起，成為國軍軍官，共同為反共復國的中興大業，群策群力。經國首先要向所有的畢業同學和家長們致賀，也要向所有辛勞的教職員們致謝。

青年是我國家光明前途的創造者，是我民族偉大文化的繼承人，擔負著國家興衰、民族絕續的重任。各位都是有理想、有抱負的時代青年，今天大家學成畢業，不僅在人生奮鬥歷程上邁向新的開端，同時也成為捍國衛民的革命幹部，承擔反共復國的重大使命。因之，我深切期望大家，要互相勉勵，同心協力，自強不息，以開創國家民族的新機運為己任，勇往邁進。

今天我們從事反共復國的中興大業，乃是革命的非常事業，目的在求國家民族與全體人民的自由。其成功的關鍵，不能專恃物質的、外在的力量，最主要的是必須具備意志的、心靈的力量，亦即是革命精神。國民革命軍之父，我們的領袖先總統蔣公曾經指示：「革命運動不是僅靠物力的充實，而是要靠精神的團結，亦不是專靠強大的武力，而是要靠堅決的信心。他又進一層提示：「我們時時刻刻提振自己的精神力量，使之莊敬自強，痛切自勉——並要養成自己熾熱的革命精神，負責到底的責任感和光榮戰死的決心，那才真正的成為一個革命鬥士，也才能使革命任務獲得勝利成功的保證。」我們重溫蔣公這些訓示，應深切瞭解，革命精神就是革命事業成功的最大憑藉。

各位現已身為革命軍人，在軍官學校肄業期間，大家的學識、技能、氣質和體魄，經過良好的培養，都有明顯的進步和變化。今後加入國軍的戰鬥行列，成為反共復國的重要幹部，首要的課題，就是要更進一步的發揮革命精神，才能進一步報效國家，復興民族。

何謂革命精神？

領袖蔣公曾剴切指出：「所謂革命的精神力，一個就是心靈的力量，一個就是意志的力量。有了心靈的力量，才能明是非、知廉恥；有了意志的力量，才能負責任、辨生死。」回顧國民革命的歷史，有許多的先烈，他們就是秉持這種心靈的和意志的力量，才能捨棄個人的身家性命，而為國家民族的整體利益奉獻犧牲。因之，發揮革命精神，必須以革命先烈做模範、做榜樣，以先烈之志為志，以先烈之懷為懷。今天我要向各位講述一位革命先烈的典型——鄒容烈士，來作大家景仰、學習和效法的楷模。

鄒容烈士是我國民革命初期的革命志士，是一位模範青年，被譽為「青年之神」。他追求真理，堅持正義，有著雖千萬人吾往矣的氣概。在他所仰慕的革命先進遭阨的時候，不惜捨身赴難，藉以感召後死，激發壯闊的革命熱潮，乃至慷慨成仁，犧牲時只有二十二歲，他那種大無畏的精神，不僅在他同時代感動了萬千同胞，也令後世的人肅然起敬，永垂不朽！鄒容烈士生平惟一的一部著作「革命軍」，充滿了熾烈的革命熱情，洋溢出磅礴的愛國思想，在當時鼓動風潮，造成時勢，對革命運動的推展，貢獻極大。

領袖蔣公立志參加革命，追隨國父，繼承遺志，也是受到「革命軍」一書的召喚和影響。鄒烈士在那本「革命軍」書中，除了揭櫫革命獨立大義、闡揚革命教育宏旨、並提出建立民國的規模之外，在啟發革命精神方面，並以四種修養與同胞共勉，我覺得至今可以作為現代革命軍人培養志節共同努力的方向——

第一、養成上天下地、獨立不羈的精神：革命事業，就是頂天立地的事業。身為革命軍人，必須深切體認己身所負的責任和使命，要能俯仰無愧於天地，時時自我期許，勿必妄自菲薄。領袖蔣公曾說：「革命全靠自己，我們必須有自立自強的志氣，和自力更生的精申，團結一致，共同奮鬥，而後革命才能成功。」因之，大家必須要培養頂天立地的襟懷，獨立自尊的節操，才能擔當重任。

第二、養成赴湯蹈火、樂死不避之氣概：革命事業，就是冒險犯難的事業。身為革命軍人，必須要有不怕困難、進而克服困難的勇氣，以及不怕危險、進而衝破危險的決心，才能履險如夷，處危若安。同時一個革命軍人，必須要有崇高的氣節，才能明大義，知生死，以救國為目的，以犧牲為志事，志之所向義無反顧。領袖蔣公曾說：「只要你能冒險犯難、樂死無畏之一念，則雖怯必勇，雖闇必明，雖柔必強，並可以轉危為安、轉敗為勝。」因之，大家必須培養這種赴湯蹈火，樂死不辭的勇氣才能獲得成功。

第三、養成相親相愛，盡瘁義務的公德：革命事業，就是仁愛服務的事業。一個革命軍人，必須要有照顧部屬、友愛同僚、敬業樂群、踐履義務的熱忱。領袖蔣公曾說：「軍人最要富有民胞物與的精神，要有仁民愛物的德性。」又說：「得兵心之道，在乎正大光明，忠勇廉潔，信賞必罰，事事以身作則，時時與士兵同甘苦。」今天以後，大家即將到各部隊服務，走向基層，我深切期望大家要培養仁愛樂群的情操，盡職服務的態度，才能厚植革命情感，強固團隊精神，發揮無窮戰力

第四、養成團體自由，以進人格之人群：革命事業，就是救國救民的事業，要為國民爭取自由，同時更要為國家爭取自由。革命軍人都當瞭解，惟有國家真正自由，個人自由才有保障。所以國民個人的自由與國家團體自由，不僅不相牴觸，而且相輔相成。領袖蔣公曾說：「革命軍人要為人民的自由而犧牲個人的自由」，就是要大家充實個人自由，也要有犧牲個人自由的

決心，以爭取團體自由及國家全民的自由，增進人群結合，發揮整體力量，提高國民全體的地位，開創國家光明的前程。

親愛的同學們！時代不斷向前推進，七十年代正是我們邁向勝利成功的年代，讓我們大家肝膽相照，共同奮起，學習效法鄒容烈士的革命精神，精誠團結，同心同德，攜手齊步，犧牲奮鬥，以早日完成反共復國的中興大業，實現以三民主義統一中國的時代使命！

最後祝福大家身體健康，事業成功！謝謝各位！

與三軍軍官學校及政治作戰學校七十年畢業學生共進午餐講詞

今年三軍軍官學校暨政治作戰學校應屆畢業生聯合畢業典禮，在陽明山中山樓舉行，顯得格外有意義，陽明山原名草山，三十多年前，先總統蔣公就住在這裡，後來決定將草山改名為陽明山，用來紀念王陽明先生，同時在陽明山開辦了革命實踐研究院，陽明先生主張實踐、研究。先總統蔣公開辦革命實踐研究院，召集黨、政、軍高級人員受訓，就是要發揚陽明先生實踐研究精神，研討如何達成革命復國的使命。同時為了紀念國父百年誕辰，又建築了中山樓，發揚國父革命的精神，貫澈革命的任務，所以在陽明山中山樓舉行三軍四校應屆畢業生聯合畢業典禮意義極為重大。

各位畢業之後，即將到部隊服務，這是你們學業的告一階段，同時也是事業的開始，各位是中華民族的新的生命力量，更是黃埔新生的一代，要在此新的時代中擔負起你們新的任務。青年人最要緊的是找一條真正的人生之路，有人說，人生有很多不同的路可走，我以為人生之路只有二條路：一條路是為個人的利益，為名為利，一條路是為國家的利益，為國為民。事實上任何人也有二條路，一條是正路，一條為邪路。你們從軍校畢業後是走上為國為民的正路，希望大家照這條路走，奮鬥下去，工作下去。

在各位離開學校的同時，我有幾點意見也是我的反省檢討，希望大家共同勉勵：

第一有恆：事業成功的因素就是有恆。有恆就是有始有終，無論讀書、做事，都要有始有終，青年人容易犯的毛病就是有始無終、怕困難，故有恆為一切成功的關鍵，任何事業的成功都在有恆。

第二誠實：不做假事、不說假話、知之為知之，不知為不知，欺騙別人，就是欺騙自己，做任何事不可有虛偽、對長官、對部屬、對同事、做人處事均要誠實。

第三沉著：軍人最要緊的是沉著，沉著就是不慌不忙，就是在任何困難、危險時都要保持平靜的心靈，使每一件事都能按部就班、腳踏實地的完成。

第四合群：合群就是團結合作，任何事情都不可能靠一個人的力量可以成功，尤其是軍隊一定要做到團結合作。合群就是肝膽相照，犧牲奉獻，一切為國家，一切為人群。

今天在畢業典禮中所提的革命先烈鄒容，他十八歲即參加革命，並著有「革命軍」一書來激勵全國同胞參加革命行動，他是真正的做到了「以國家興亡為己任，置個人死生於度外」。

現在一般人以為時代進步了，觀念要改變，但我相信上面所說這幾點對各位一生都有用，特別勉勵大家，希望大家共同努力，最後祝大家身體健康、事業成功。

11月17日　星期二

上午

八時五十分，在府見國防部部長高魁元。

九時三十二分，見張副秘書長祖詒。

十時，主持軍事會談。會談後，分別見孫院長運璿、馬秘書長紀壯。

下午

四時十分，在府見馬秘書長紀壯。

四時二十五分，接見韓國新農莊運動中央事務總長全敬煥。

五時十三分，見臺灣省黨部主任委員宋時選。

五時五十二分，見張副秘書長祖詒。

六時，見宋總長長志。

六時〇七分，見蔣秘書長彥士。

11月18日　星期三

上午

八時二十三分，在中央黨部見蔣秘書長彥士。

九時，主持中常會。對這次地方公職人員選舉當選的黨員同志，表示祝賀；並期勉他們務必實踐黨的政綱、政策與競選政見。

十一時〇九分，見孫院長運璿。

十一時二十三分，集體見蔣秘書長彥士、梁主任孝煌、周主任應龍、宋主任委員時選、關主任委員中、鄭主任委員心雄。

下午

五時四十分，在大直寓所見沈秘書長昌煥。

於中常會對地方公職人員選舉講話

本黨對於此次臺灣地區地方公職人員選舉，自始至終，抱著廓然大公的精神，貫徹公平、公正、公開的原則。現在這次選舉，在全體候選人的遵守法律、選民的熱烈參與、以及選務單位的認真負責之下，已經團結和諧的圓滿完成，這不僅又一次充分顯示了政府實施民主憲政的決心，也更加表現出我們國民愛國心和政治責任心的提高，是繼上年增額中央民意代表選舉之後，再度證明了公平、公正、公開的選舉，不只是我們民主政治上的一項基本要求，而且已是我們民主生活中的一種實際方式，相信全體同胞必為國家進步的形象和前途光明的表徵而感到欣慰。

最使大家印象深刻的，是國民大眾都從守法和守秩序的行為上，共同維護了選舉的純潔性和莊嚴性。同時還有很多感人的場面，例如許多選民打著雨傘在雨中靜靜聆聽政見，又如不少年高或身體殘障行動不便的選民，為了珍惜他們選舉權的行使，也前往投下神聖的一票，也有為了實現抱負而抱病競選的人士，更有無數為了克盡職責、公而忘私的執勤人員，種種事實，顯示出更大的意義，那就是我們國民大眾的民主政治素養已漸成熟，也指出了我們唯有邁開更為堅強的腳步，繼續貫徹現代化民主政治的目標，才是我們的康莊大道

本黨的基本政治路線，一向是永遠要和民眾在一起，過去如此，現在如此，將來更要進一步緊密的和民眾在一起。也即是為了建設國家，要與民眾同甘共苦，以民眾之憂為憂，以民眾之樂為樂，一切以民眾意願為依歸，永遠和民眾一條心。也只有緊密的同民眾在一起，民眾才會同本黨在一起。如今民意已作很清楚的表示，國家需要一個理智的、祥和的、誠信的民主政治，本黨就必須全力以赴，朝這方向再努力、再進步。

對於所有各位地方公職當選人，除了表示由衷的祝賀之外，尤望本黨的當選同志，務必實踐本黨的政綱政策和競選政見，密切配合政府各相關部門的施政方針，同時也尊重落選人的合理政見，拿出最大熱忱，為地方建設服務，盡心盡力，作最大的貢獻。對於此次未能當選的同志，也望以豁達的胸襟，堅定意志，繼續奮鬥，為來日志願，再度發展。對於所有選、監工作同仁的辛苦勤勞、其他各有關單位的協調合作，以及大眾傳播界的客觀報導與公正評論，都已善盡各個崗位的職責，一併表示感佩之忱。

至於所有候選人在競選期中對於本黨所提的批評和意見，當本「有則改之，無則加勉」的精神，深加檢討，以使本黨能有持續的革新和改進。如對本黨某些工

作有所誤解，也應詳加解釋和說明，以期大家對於本黨立場增進瞭解。總之，本黨全體同志務須認清，革命事業必得面對群眾，走向民間，深入基層，往下紮根，而且還要不斷的努力前進，猶如長距離的接力賽跑，大家要腳踏實地，儘快的跑，不停的跑，才能達到目標，贏得勝利，深望全黨同志有以共勉。

去年我曾說過：「選舉是通往民主政治的必經之路，選舉也是衡量民主政治的最佳尺度」。以此觀察，今年這次選舉，比去年又有進步，我們希望也有信心，選舉一次比一次進步，國家一年比一年昌盛，使三民主義憲政放射光輝，為未來重建自由民主的中國大陸，繪就最完善的圖樣！

11月19日　星期四

上午

十時三十三分，至榮民總醫院探視病危中的葉資政公超；並囑醫護人員盡力急救，妥善照顧。

十時四十三分，在骨科會客室，見葉九皋、黃院長少谷、魏顧問景蒙、馬秘書長紀壯等。

下午

三時五十六分，在府見憲兵司令劉罄敵。

四時〇九分，見警政署長何恩廷。

四時二十九分，見國策顧問沈宗琳。

四時四十三分，見成功大學校長夏漢民。

五時，見宋總長長志。

五時〇八分，見前空軍副總司令陳鴻銓。

五時二十五分，接見韓國農水產部長官高達夫婦。

五時五十六分，見高部長魁元。

11月20日　星期五

上午

十一時十分，在府見沈秘書長昌煥。

下午

四時〇五分，在府見馬秘書長紀壯。

四時三十一分，見蔣秘書長彥士。

五時二十六分，見張副秘書長祖詒。

11月21日　星期六

上午

九時十八分，在府見馬秘書長紀壯。

九時二十七分，見孫院長運璿。

九時三十八分，在府內會客室，以青天白日勳章一座，親自頒授給陸軍一級上將高魁元，以酬庸其在國防部部長任內之功績。

九時四十五分，見陸軍第六軍團副司令涂遂。

九時五十九分，見國防部計畫進修獲得博士人員蕭光蜀等十五人。

十時二十五分後，再見孫院長運璿及馬秘書長紀壯。

十一時，接見美國職業演說家毛萊。

隨後，見宋局長楚瑜。

十一時三十六分，見中鋼公司董事長趙耀東。

十一時五十九分，見沈秘書長昌煥。

下午

三時十五分，在大直寓所見榮民總醫院眼科主任林和鳴、副主任劉榮宏。

五時四十一分，見蔣秘書長彥士。

七時四十七分，見秦主任委員孝儀。

11 月 22 日　星期日

下午

二時五十四分，在大直寓所見臺北市長李登輝。

三時三十分，見參謀總長宋長志。

四時十分，至榮民總醫院眼科作檢查。

五時四十二分，返寓所。

晚

八時，見馬秘書長紀壯。

11 月 23 日　星期一

上午

九時〇四分，至圓山飯店理髮。

九時四十五分，在府見馬秘書長紀壯。

十時〇四分，見汪顧問道淵。

十時三十分，接見日本產經新聞社長鹿內信隆夫婦。

十一時十四分，見王局長永樹。

十一時二十分，見汪總司令敬煦。

十一時四十四分，見沈顧問之岳。

下午

五時十一分，在府見宋總長長志。

五時三十六分，見魏顧問景蒙。

五時四十八分，見孫院長運璿。

六時十分，見蔣秘書長彥士。

11 月 24 日　星期二

上午

十時十一分，訪晤嚴前總統於大同之家。

十一時十五分起，在府分別見財政部長張繼正、馬秘書長紀壯、經濟部長張光世、參軍長馮啟聰、張副秘書長祖詒。

下午

四時三十九分，在府見馬秘書長紀壯。

四時五十八分，見黃院長少谷。

六時，見魏顧問景蒙。

晚

八時十六分，在大直寓所見臺灣省政府主席林洋港。

11 月 25 日　星期三

上午

八時三十三分，主持中常會，核定行政院局部人事改組及臺灣省主席、臺北市長新人選。

十時四十分，見宋總長長志。

十時四十七分，見林部長金生。

十時五十六分，見各級黨部保舉最優人員三十人，並頒發紀念章。

十一時〇九分，見蔣秘書長彥士。

十一時十八分，見陳副秘書長履安。

下午

三時三十九分，至榮民總醫院眼科作檢查。

總統今日發布人事命令，任命政、軍首長如次：

行政院副院長	邱創煥
內政部部長	林洋港
國防部部長	宋長志
財政部部長	徐立德
經濟部部長	趙耀東
交通部部長	連　戰
蒙藏委員會委員長	薛人仰
文化建設委員會主任委員	陳奇祿
行政院政務委員	林金生
總統府參軍長	馬安瀾
國防部參謀總長	郝柏村

陸軍總司令　蔣仲苓
臺灣警備總司令兼臺灣軍管區司令　陳守山

11月26日　星期四

上午

九時五十六分，在府見軍方調職人員陸軍中將卓愷濟等二十三人。

十時五十二分，見宋總長長志。

十一時〇七分，見陸軍副總司令陳守山。

十一時十七分，見陸軍第六軍團司令許歷農。

十一時二十一分，見臺灣省財政廳廳長徐立德。

十一時三十二分，見青年輔導委員會主任委員連戰。

十一時四十八分，見馬秘書長紀壯。

下午

四時三十分，訪晤黃杰上將於其寓所，祝賀其八十歲生日。

五時十四分，訪晤高魁元上將於其寓所。

五時四十七分，在中央黨部見蔣秘書長彥士。

總統今日明令任命李登輝為臺灣省政府委員兼主席、邵恩新為臺北市市長。

11月27日　星期五

上午

十時五十四分，在大直寓所見俞總裁國華。

下午

四時〇八分，在府見馬秘書長紀壯。

四時二十七分，見宋總長長志。

四時三十四分，見中國工程師學會七十年度選出的優秀青年工程師、工程獎章及工程論文獎金得獎人等十九人，並勉勵他們分工合作，革新創造，以提高工業水準，擴大建設成果。

五時〇九分，在府內大禮堂，以茶會款待出席僑務委員會議的海內外僑務委員九十人，並致詞提示當前僑務工作的重要方向：在於鼓舞海內外同胞，凝為一體，結成一心，合四海同心之力，使三民主義統一中國的任務，早底於成。茶會後，見孫院長運璿。

五時五十八分，見沈秘書長昌煥。

11 月 28 日　星期六

上午

十時十分，在府見國防部馬副總長安瀾。

十時三十五分，見行政院副院長徐慶鐘。

十時四十七分，見臺灣省民政廳廳長邵恩新。

十一時十八分，接見沙烏地阿拉伯王國衛生部部長賈瑞利。

中午

十二時〇六分，見宋總長長志。

下午

三時五十三分，在大直寓所見秦主任委員孝儀。

11月29日　星期日

下午

三時三十五分，在大直寓所見中國輸出入銀行理事主席孫義宣。

四時二十五分，見蔣秘書長彥士。

11月30日　星期一

下午

二時四十分，至圓山站店理髮。

三時五十三分，在府見馬秘書長紀壯。

四時十七分，見馮參軍長啟聰。

四時二十七分，見汪顧問道淵。

四時五十二分，見俞總裁國華。

五時四十二分，見張副秘書長祖詒。

七時五十四分，在大直寓所見蔣秘書長彥士。

12月1日　星期二

上午

八時十三分，至臺北市立殯儀館景行廳弔祭葉故資政公超之喪。

八時二十五分，在中央黨部見外交部次長錢復。

九時三十一分，見陳資政立夫。

十時三十六分，在府見孫院長運璿。

十一時十七分，見秦主任委員孝儀。

下午

四時二十五分，在府見參謀總長郝柏村。

四時四十九分，見陸軍總司令蔣仲苓。

五時〇四分，見馬秘書長紀壯。

五時十八分，見海軍總司令鄒堅。

五時三十九分，見沈秘書長昌煥。

12月2日　星期三

上午

八時三十分，在中央黨部見蔣秘書長彥士。

九時〇五分，主持中常會，通過核定臺灣省第七屆議會、臺北市第四屆議會及高雄市第一屆議會議長候選人同志名單。會中並核定內政、財政及經濟三部的政務次長人選及臺灣省政府委員名單。

十一時十分，見考試院院長劉季洪。

十一時二十一分，見臺灣省黨部副主任委員謝又華。

十一時四十八分，見秦主任委員孝儀。

中午

十二時十一分，見蔣秘書長彥士。

下午

三時〇二分，在大直寓所見榮民總醫院眼科副主任劉榮宏。

中常會核定名單

臺灣省第七屆議會議長候選人	高育仁
臺灣省第七屆議會副議長候選人	黃鎮岳
臺北市第四屆議會議長候選人	張建邦
臺北市第四屆議會副議長候選人	陳健治
高雄市第一屆議會議長候選人	陳田錨
高雄市第一屆議會副議長候選人	朱有福
內政部政務次長	許新枝
財政部政務次長	陸潤康
經濟部政務次長	王昭明
交通部政務次長	陳樹曦
臺灣省政府委員兼主席	李登輝
臺灣省政府委員兼秘書長	劉兆田
臺灣省政府委員兼民政廳長	劉裕猷
臺灣省政府委員兼財政廳長	李厚高
臺灣省政府委員兼教育廳長	黃昆輝
臺灣省政府委員兼建設廳長	鄭水枝
臺灣省政府委員兼農林廳長	余玉賢
臺灣省政府委員	余學海　黃福壽

	陳如根　張賢東
	華加志　李雅樵
	楊日然　孫明賢
	侯金英　王述親
臺灣省政府衛生處處長	何亨基
臺灣省政府省訓團教育長	賀雨辰

12 月 3 日　星期四

下午

三時五十五分，在府見馬秘書長紀壯。

四時二十三分，見國防部部長宋長志。

四時二十八分，接見美國艾森豪獎金會董事長蓋茲夫婦及執行長賴定頓夫婦。

四時五十四分，見行政院副院長邱創煥。

五時〇八分，見前經濟部次長汪彝定。

五時十五分，見國家安全局局長汪敬煦。

五時三十一分，見工商協進會理事長辜振甫。

五時五十三分，見前自立晚報社長李雅樵。

晚

八時三十七分，在大直寓所見榮民總醫院眼科副主任劉榮宏。

12 月 4 日　星期五

上午

八時〇九分，至臺北市立殯儀館景行廳弔祭故國策顧問唐縱之喪。

九時十七分，在府見張副秘書長祖詒。

九時二十八分，接見陳香梅女士。

十時〇五分，見秦主任委員孝儀。

十一時二十一分，在陽明書屋為紀念毛太夫人百歲誕辰舉行家祭，並與家屬共進午餐。

晚

八時，在大直寓所見外交部次長錢復。

12月5日　星期六

上午

十時十分，在府見基隆市市長陳正雄。

十時二十六分，見臺中縣縣長陳孟鈴。

十時三十九分，見新竹縣縣長林保仁。

十時五十二分，見汪顧問道淵。

十一時十六分，見馬秘書長紀壯。

十一時四十分，經中央黨部後返回寓所。

下午

三時，在大直寓所見榮民總醫院眼科副主任劉榮宏。

12月6日　星期日

上午

十一時，在大直寓所見秦主任委員孝儀。

下午

四時四十分，在大直寓所見蔣秘書長彥士。

12 月 7 日　星期一

【無記載】

12 月 8 日　星期二

上午

九時〇四分，至圓山飯店理髮。

九時五十分，在府見馬秘書長紀壯。

十時〇五分，在府接見了由中國青年創業協會所選拔的第一至四屆青年創業楷模二十六人，對他們克苦耐勞，奮發努力，不僅個人創業有成，且對國家經濟也有所貢獻，而予以嘉勉。

十一時〇五分，接見佛教代表白聖法師等七人。

十一時三十三分，見沈秘書長昌煥。

下午

三時十二分，在大直寓所見榮民總醫院眼科副主任劉榮宏。

12 月 9 日　星期三

上午

八時三十分，在中央黨部見蔣秘書長彥士。

九時，主持中常會。

十時十四分，見臺灣省主席李登輝。

十一時〇五分，見秦主任委員孝儀。
十一時二十分，見中央黨部副秘書長陳履安。

下午
三時二十三分，在大直寓所見秦主任委員孝儀，並由其陪同至士林至善路，訪晤國畫大師張大千先生。
四時三十分，在府見臺北市黨部主任委員關中。
五時〇七分，見張副秘書長祖詒。

晚
九時三十分，在大直寓所見榮民總醫院副院長丁農。

12月10日　星期四

下午
四時三十分，在府見馬秘書長紀壯。
四時四十五分，以茶會招待當選七十年好人好事代表七十一人，稱讚他們平日都在默默的好義行仁，為社會樹立了優美的形象。
五時二十八分，接見南非共和國內政部部長游尼斯夫婦。
五時四十七分，見南非共和國陸軍總司令豪頓赫斯夫婦。
六時〇三分，見故宮博物院副院長江兆申。
六時十六分，見參謀總長郝柏村。

12月11日　星期五

下午
三時三十分，在府見謝副總統。

三時四十八分，見馬秘書長紀壯。

四時，接見日本眾議員藤尾正行。

四時三十二分，接見日本眾議員及參議員赤城宗德等七人。

五時，接見新加坡國家發展部部長鄭章遠。

五時十八分，見宋局長楚瑜。

五時二十八分，見俞總裁國華。

五時五十六分，見蔣秘書長彥士。

12 月 12 日　星期六

上午

十時五十五分，在大直寓所見孫院長運璿。

下午

三時〇八分，在大直寓所見榮民總醫院眼科主任林和鳴、副主任劉榮宏。

四時十五分，見榮民總醫院神經科主任朱復禮。

12 月 13 日　星期日

下午

四時五十五分，在大直寓所見烏總司令鉞。

五時二十六分，見魏顧問景蒙。

七時五十七分，見沈秘書長昌煥。

12月14日　星期一

下午

四時二十六分，至圓山飯店理髮。

五時二十一分，在府見蔣秘書長彥士。

五時五十分，見沈秘書長昌煥。

六時二十一分，見馬秘書長紀壯。

六時二十七分，見郝總長柏村。

12月15日　星期二

下午

四時四十三分，在府見張副秘書長祖詒。

五時，見沈秘書長昌煥、蔣秘書長彥士、馬秘書長紀壯、朱部長撫松。

六時十分，見郝總長柏村。

12月16日　星期三

上午

八時四十四分，在中央黨部見蔣秘書長彥士。

九時，主持中常會。

十時十六分，見倪院長文亞。

十一時〇九分，見蔣秘書長彥士。

十一時四十五分，至革命實踐研究院與第二期研究員聚餐；並點名講話，多所期勉。

下午

二時，在大直寓所見鄧述微院長。

七時五十四分，再見鄧述微院長。

12月17日　星期四

上午

九時〇三分，在府見馬秘書長紀壯。

九時二十分，在府內會客室代表政府以中正勳章一座，親自頒授給陸軍一級上將顧祝同，以酬庸其為國家竭盡忠誠的卓越功勛。

九時四十六分，見蔣秘書長彥士。

十時〇二分，赴顧一級上將祝同寓所，祝賀其九秩誕辰。隨後即轉往榮民總醫院，作體格檢查。

十一時十七分，在榮民總醫院見聯勤總司令蔣緯國。

12月18日　星期五

上午

十一時十五分，在榮民總醫院見鄧述微院長。

下午

六時四十六分，在榮民總醫院見沈秘書長昌煥。

12月19日　星期六

上午

十時，在榮民總醫院見鄧述微院長及魏顧問景蒙。

下午

四時四十分，在榮民總醫院見蔣秘書長彥士。

12月20日　星期日

上午

九時三十分，在榮民總醫院見鄧述微院長。

十時三十三分，至總統府稍作停留後，返回寓所。

12月21日　星期一

上午

十時，主持國父紀念月會。首先是最近發表的新任政、軍首長行政院副院長邱創煥等十九人，在總統監誓下舉行宣誓；然後由行政院孫院長運璿作行政工作報告。

十時三十三分，見孫院長運璿。

十時五十九分，見馬秘書長紀壯。

十一時十八分，見蔣秘書長彥士。

十一時三十五分，見張副秘書長祖詒。

下午

八時十四分，在大直寓所見中央銀行總裁俞國華。

新任政、軍首長宣誓名單

行政院副院長	邱創煥
行政院政務委員	林金生
行政院政務委員內政部部長	林洋港
行政院政務委員國防部部長	宋長志
行政院政務委員財政部部長	徐立德
行政院政務委員經濟部部長	趙耀東
行政院政務委員交通部部長	連　戰

行政院政務委員蒙藏委員會委員長	薛人仰
行政院文化建設委員會主任委員	陳奇祿
總統府參軍長	馬安瀾
國防部參謀總長	郝柏村
陸軍總司令	蔣仲苓
臺灣警備總司令兼臺灣軍管區司令	陳守山
內政部政務次長	許新枝
財政部政務次長	陸潤康
經濟部政務次長	王昭明
交通部政務次長	陳樹曦
臺灣省政府主席	李登輝
臺北市政府市長	邵恩新

12 月 22 日　星期二

上午

八時五十七分，在大直寓所見鄧述微院長。

下午

三時〇六分，在大直寓所見榮民總醫院眼科主任林和鳴、副主任劉榮宏。

七時四十五分，見蔣秘書長彥士。

12 月 23 日　星期三

上午

九時，中常會，請嚴常務委員家淦代為主持。

九時十七分，在大直寓所見鄧述微院長。

下午

八時，在大直寓所見臺灣省黨部主任委員宋時選。

12月24日　星期四

上午

十時十七分，至圓山飯店理髮。

十一時，在府見馬秘書長紀壯。

下午

三時二十三分，在大直寓所見鄧述微院長。

12月25日　星期五

上午

八時五十二分，至中山堂。

九時，主持中華民國七十年行憲紀念大會暨國民大會憲政研討委員會第十六次全體委員會議、國民大會代表七十年度年會聯合開會典禮，並致詞指出：目前正在海內外全面展開的「三民主義統一中國」運動，就是要把憲法推展實行於全中國，希望大家再接再厲，堅持到底，奮鬥到底，把我們憲法的萬丈光芒，重新照耀在大陸錦繡河山之上。此外還強調：三民主義政治有兩個特點，一是不讓錢財與民主政治相結合；一是不讓暴力與民主政治相結合。我們所需要的是真心誠意、確確實實、為國為民、和平的、和諧的三民主義政治。

九時四十五分，見馬秘書長紀壯及蔣秘書長彥士。

下午

三時五十五分，在大直寓所見鄒總司令堅。

四時四十八分，見郝總長柏村。

中華民國七十年行憲紀念大會
國民大會憲政研討委員會第十六次全體會議
和國民大會代表七十年度年會致詞

各位代表先生：

中華民國七十年行憲紀念大會、國民大會憲政研討委員會第十六次全體會議和國民大會代表七十年度年會，今天在臺北舉行聯合開會典禮，其意義不僅在於紀念這一莊嚴隆重的日子，更重要的是，象徵我們三民主義憲政的實施，又再向前邁進了一個新的年代，轉入一個更為接近成熟的里程，好把我們憲政的光輝，普照大陸。在此方面，各位代表先生多年來為維護憲法尊嚴、貫徹民主憲政、策進以三民主義統一中國大業，殫智竭慮、籌謀獻替，經國對於這種一以貫之、公忠體國的精神，敬表最深的欽佩之忱。

今年是中華民國建國七十週年，也是行憲紀念三十四週年。緬懷國父領導革命，締造民國，其最終目的就是在中國實施民主憲政，以臻國家於自由富強。所以建國以來，雖然歷經內憂外患，而對行憲的努力，始終無間，並於抗戰勝利之後不久，排除萬難，迅即召開制憲國民大會，明定民國三十六年十二月二十五日將這部荷負全民重託的憲法付諸實施。回憶當時先總統蔣公致大會開會詞曾說：「我對於結束訓政，實施憲政，以完成建國大業的希望，在此三十年之間，是沒有一時一刻忘懷的。我們革命建國的奮鬥，是為國為民，是要實行三民主義和五權憲法的民主政治，這是我們革命的最後目標，這一個最後目標一天不能達成，就是我們國父的遺志一天沒有達到，亦就是我們對國家、對國民、對五十年來的革命先烈一天沒有盡到責任。」又在閉會詞中說：「此次憲法的制定，足使我們國父五十二年來領導革命所犧牲的先烈以及抗戰陣亡軍民的英靈得到安慰。國民政府必當遵照大會決定的程序，一一施行。深望我全體代表，協助國民政府，領導全國民眾，共同一致擁護這一部憲法，實行這一部憲法，使我們中國成為三民主義民有民治民享的新中國。」由此想見，我們制憲行憲的意義，是何等莊嚴神聖，國民大會的代表先生對國家的貢獻，又是何等的重大！

行憲是全中國人在建國途程上一致殷切期望的根本大業，而共匪全面叛亂，致使大陸同胞至今不能享受憲政的果實，因之我們的責任也仍然未了。尤其今天匪偽政權窮途末路，劣跡昭彰，已經證明共產制度徹底失敗，大陸同胞嚮往復興基地民主憲政之心益見迫切。我們更要加強憲政建設，來顯示臺灣海峽兩岸的強烈對比，追根究底，就在於有無實行一部基於三民主義的憲法，而使三民主義統一中國的偉大號召，匯為洪流，激成巨浪，一舉摧毀共產暴政，俾讓億萬大陸同胞早日和我們同享美好的憲政成果。

波瀾壯闊的「三民主義統一中國」運動，目前正在海內外全面展開，事實上，這一運動的目標，也就是要把憲法推展實行於全中國大陸。因為大家都知道，我們的憲法對於中國人而言，是國父孫中山先生所創三民主義政治理想的法典化，而加以具體實踐。如今在自由復興基地已有三十年成功實施的經驗，具有實證的優越性與可行性，充分證驗適合中國人的生活需要，符合中國人的文化精神，更是給中國人開拓未來希望的唯一道路。所以我們堅持絕對不與共匪作任何接觸談判，堅決必須剷除共產邪惡於大陸，也就是為了維護我們憲法的完整和尊嚴，使未來中國的統一，必須建立在這部憲法的基礎之上，讓全中國人洗清馬列主義的毒素，而重獲生機。我們確信，唯有根據這部憲法統一的中國，才能使中國回復到真正中國人的中國！

各位代表先生代表全國國民行使憲法規定的職權，並執行憲法臨時條款賦予的任務——研討憲政有關問題，為恢弘民主憲政體制，推動國家建設，貢獻卓著，顯現了全民的一貫精誠，和諧團結，是以雖然國家頻遭艱難橫逆，而能同心同德，肆應變局，使我們在動盪的國際情勢中，淬礪奮發，屹立不搖。這一歷史事實證明，我們愈堅持民主憲政，我們的國力愈壯大，與極權專政的對比愈顯著，對大陸億萬人心的號召就愈強烈，共匪暴政的崩潰也就愈快速。我們在復興基地為「三民主義統一中國」運動做好紮根工作，亦即為三民主義盛行於大陸提供了最大保證！

當然，民主憲政的進步沒有止境，如今復興基地安和樂利，全球僑胞四海歸心，大陸同胞引頸企望，誠然證明我們擇善固執的正確性，但也提示了我們必須鍥而不捨的重要性。今天欣逢行憲三十四週年紀念，經國衷心希望各位代表先生繼續督促、協助政府，在現有的基礎上再接再厲，堅持到底，奮鬥到底，在不久的將來，把我們憲法的萬丈光芒，重新照耀在大陸錦繡河山之上！

敬祝大會圓滿成功，並祝各位代表先生健康愉快！

謝謝大家！

12月26日　星期六

下午

三時五十九分，在大直寓所見空軍總司令烏鉞。

四時五十分，見蔣秘書長彥士。

七時四十七分，見中央黨部副秘書長陳履安。

12月27日　星期日

下午

四時，在大直寓所見國防部部長宋長志。

四時四十九分，見孫院長運璿。

12月28日　星期一

下午

三時〇七分，在大直寓所見榮民總醫院內科部主任姜必寧。

三時二十分，見榮民總醫院眼科主任林和鳴、副主任劉榮宏。

12月29日　星期二

上午

九時十六分，在府見國家安全局局長汪敬煦。

九時三十八分，見空軍副總司令郭汝霖。

九時四十六分，見張副秘書長祖詒。

十時，主持軍事會談。

下午

四時，在府見第一局局長劉垕、副局長馬英九。

四時十五分，見汪顧問道淵。

四時二十八分，見蔣秘書長彥士。

四時四十五分，接見美國國會參議員葛瑞斯萊夫婦、眾議員白特瑞、眾議員霍普金斯夫婦等五人。

五時四十五分，見警備總司令陳守山。

五時五十八分，見行政院新聞局局長宋楚瑜。

12月30日　星期三

上午

八時二十五分，在中央黨部見蔣秘書長彥士。

八時五十五分，主持中常會。

十時二十五分，見秦主任委員孝儀。

十時二十七分，見國防部部長宋長志。

十時三十四分，見蔣秘書長彥士、梁主任孝煌、宋主任委員時選、關主任委員中、鄭主任委員心雄、臺灣省議會議長高育仁、臺北市議會議長張建邦、高雄市議會議長陳田錨等。

十時五十七分，見蔣秘書長彥士。

十一時〇六分，見秦主任委員孝儀。

下午

四時四十分，在大直寓所見司法院院長黃少谷。

12月31日　星期四

上午

十時四十六分，至圓山飯店理髮。

十一時三十八分，在府見馬秘書長紀壯。

下午

三時五十五分，在府召集行政院院長孫運璿及財經首長等，聽取財經情勢簡報，除提示年關期間應注意便利工商及充裕物資供應外，並作以下指示：

1. 紓解工商困境；
2. 加速工業升級；
3. 積極輔導中小企業；
4. 財政金融力求現代化；
5. 推動農地改革；
6. 拓展對外貿易；
7. 不借重民間力量參與經濟事務。

五時三十八分，見張副秘書長祖詒。

六時，見戰略顧問薛岳。

民國日記 69

蔣經國大事日記（1981）

Daily Records of Chiang Ching-kuo, 1981

主　　編　民國歷史文化學社編輯部
總 編 輯　陳新林、呂芳上
執行編輯　林弘毅
美術編輯　溫心忻
封面設計　溫心忻
文字編輯　詹鈞誌

出　　版　開源書局出版有限公司
香港金鐘夏慤道 18 號海富中心
1 座 26 樓 06 室
TEL：+852-35860995

民國歷史文化學社 有限公司
10646 台北市大安區羅斯福路三段
37 號 7 樓之 1
TEL：+886-2-2369-6912
FAX：+886-2-2369-6990

初版一刷　2021 年 5 月 20 日
定　　價　新台幣 380 元
港　幣 103 元
美　元　15 元
I S B N　978-986-5578-26-8

http://www.rchcs.com.tw

國家圖書館出版品預行編目 (CIP) 資料
蔣經國大事日記 (1981) = Daily records of Chiang Ching-kuo,1981/ 民國歷史文化學社編輯部主編 . -- 初版 . -- 臺北市 : 民國歷史文化學社有限公司 , 2021.05

面 ;　公分 . -- (民國日記 ; 69)

ISBN 978-986-5578-26-8 (平裝)

1. 蔣經國　2. 臺灣傳記

005.33　110006859